LA CONTENANCE TIERCE

Santé, Sociétés et Cultures
Collection dirigée par Jean Nadal

Peut-on être à l'écoute de la souffrance, en comprendre les racines et y apporter des remèdes, hors d'un champ culturel et linguistique, d'un imaginaire social, des mythes et des rituels ? Qu'en est-il alors du concept d'inconscient ? Pour répondre à ces questions, la collection *Santé, Sociétés et Cultures* propose documents, témoignages et analyses qui se veulent être au plus près de la recherche et de la confrontation interdisciplinaire.

Déjà parus

Michèle GUILLIN-HURLIN, *L'image en art-thérapie et son au-delà. « Des photographies comme médium relationnel »*, 2010.
Joëlle DEDERIX, *Voix et estime de soi chez des enfants ayant un vécu d'abus sexuels*, 2010.
Renaud GAUCHER, *La psychologie positive. Ou l'étude du meilleur de nous-mêmes*, 2010.
Françoise ZANNIER, *Éclectisme et intégration en psychothérapie. Intérêts et enjeux d'une profession*, 2010.
Jean-Jacques WEISBUCH, *Processus d'humanisation : devenir et être adulte*, 2010.
Anne BLANCHARD-RÉMOND, *Psychiatre : plombier de l'âme*, 2010.
Nossrat PESESCHKIAN, *L'utilisation d'histoires orientales dans la psychothérapie positive. Le marchand et le perroquet*, 2009.
Marcelle MAUGIN, *Etre psychothérapeute autrement. De l'écoute à la « rencontre »*, 2009.
J.-C. MEYER et M.-H. GAMBS-LAUTIER, *De la psychanalyse à l'haptonomie*, 2009.
Michel LOBROT, *La puissance des rêves*, 2009.
Pierre DALENS (Sous la dir.) *L'Unité de l'Eros. Regards sur l'analyse relationnelle de la vie amoureuse*, 2008.
Xavier SAINT-MARTIN, *L'Appareil psychique dans la théorie de Freud. Essai de psychanalyse cognitive*, 2007.
Sara PAIN, *Les fondements de l'arthérapie*, 2007.
Roland BRUNNER, *Narcisse chez le psychanalyste*, 2007.

Dominique PERROUAULT

LA CONTENANCE TIERCE

La difficulté d'être soi dans la société d'aujourd'hui

Préface d'Edith Lecourt

L'Harmattan

Du même auteur

Le tri angle, essai sur la triangulation, éditions PULIM, Presse universitaire de Limoges et du Limousin, 2002.

© L'HARMATTAN, 2010
5-7, rue de l'École-Polytechnique ; 75005 Paris

http://www.librairieharmattan.com
diffusion.harmattan@wanadoo.fr
harmattan1@wanadoo.fr
ISBN : 978-2-296-12035-8
EAN : 9782296120358

Préface d'introduction

Edith Lecourt
Professeur de psychologie clinique et de psychopathologie, Université Paris Descartes.

Cet ouvrage apparaît comme l'aboutissement d'années de recherches théorico-cliniques. Il est fermement enraciné dans les expériences cliniques de l'auteur en gérontologie et gériatrie comme en soins palliatifs, mais aussi dans le domaine scolaire, en classes relais, ou encore en psychiatrie ; avec des individus - enfants, adultes -, et dans des dispositifs variés : entretien individuel, groupe thérapeutique, musicothérapie, intervention institutionnelle.

Dominique Perrouault est depuis des années déjà à la recherche d'un contenant mathématique, c'est-à-dire suffisamment abstrait et généralisable, par-delà le domaine plus spécialisé de la psychologie clinique. Sur ce chemin il a eu quelques illustres prédécesseurs, comme K.Lewin ou encore J.Lacan, pour ne citer qu'eux ! Il s'inspire ici particulièrement de la théorie des ensembles de G.Cantor. Il aboutit enfin dans cet ouvrage avec un équilibre remarquable entre théorie et clinique.

Ainsi, dès l'introduction, ce qui est original, la clinique est-elle précisément mise en perspective, amenant tout de suite le lecteur au coeur des situations qui illustrent la problématique de la contenance.

Ce concept, somme toute banal, a été mis en valeur par W.R.Bion, psychiatre psychanalyste britannique, à partir des failles de la contenance, c'est-à-dire des conséquences, sur le plan psychique notamment, de manque, ou de la rupture de cette fonction fondamentale de l'environnement de l'enfant. Déjà Winnicott considérait la « mère suffisamment bonne » comme base de la première contenance du bébé. C'est l'état de totale dépendance du petit humain qui crée à la fois sa grande fragilité et la richesse de son potentiel de développement. Ce dernier dépend de la qualité de la réponse à ses besoins fondamentaux de nourrissage, de soutien physique, et de la contenance de ses états psychiques (angoisses, détresses, excitations) . D.Anzieu, psychologue et psychanalyste français a développé le concept d' « enveloppe psychique » pour rendre compte de façon métaphorique d'un ensemble de fonctions indispensables au bon fonctionnement psychique. L'une d'elle, la contenance, est très importante puisqu'elle se trouve liée à la détermination de la limite entre l'individu et son entourage.

On trouvera dans cet ouvrage une étude approfondie de ce concept et une présentation des développements qu'il autorise tant sur le plan de la théorie que sur celui des applications. C'est ainsi qu'il prend sens dans le soin au patient, mais aussi dans la qualité de la relation thérapeutique (la fonction contenante du thérapeute), dans le dispositif thérapeutique lui-même (les conditions nécessaires à cette qualité de contenance). Enfin son utilité s'élargit aux familles, aux institutions et aux dimensions sociales et culturelles. Chaque individu participe de ces différents niveaux et s'en trouve donc à la fois dépendant et acteur. Car il n'y a pas une seule contenance mais généralement plusieurs et qui se trouvent souvent en décalage, opposition, conflit. Or Il ne suffit pas d'accumuler les contenances, « d'en rajouter », pour résoudre le problème posé (comme l'ajout d'un nouveau niveau hiérarchique, par ex.). D'où la nécessité d'un positionnement tiers pour contenir les oppositions, les contradictions, offrant ainsi des modalités de l'articulation, de la composition ou recomposition, de la gestion des emboîtements, de l'ouverture à de nouvelles contenances, la création d'une place laissée à l'émergence.

Au début du siècle précédent la fonction de contenance était dévolue, simplement, au Moi. C'était lui le grand chef ! Le Moi portait l'unité de la personne et sa force (Janet) était garante de l'harmonie mais aussi de la contenance. Ainsi les maladies mentales étaient elles le produit d'une faiblesse du Moi qui, dans certains cas (psychose), allait jusqu'à la désorganisation complète (l'automatisme psychologique de Janet). Le développement de la psychanalyse est venu complexifier ce modèle et défaire cette belle unité pour introduire le conflit comme fondement du fonctionnement psychique.

La théorie systémique a aussi fait son apparition dans une recherche de sortir d'une approche centrée sur l'individu seul, pour ouvrir une compréhension plus large des interactions, notamment au sein de la famille. On peut dire que le système est une forme de contenance, même si l'auteur de ce nouvel ouvrage ne s'appuie pas sur ce modèle. Parti de la notion de contenance développée par W.R.Bion, Dominique Perrouault utilise principalement les références à G.Cantor, H.Wallon, D.Anzieu, B.Gibello, R.Kaës et G.Deleuze.

La pensée de la mondialisation confronte l'individu, mais aussi les groupes et les institutions à ce nouveau contenant, le monde. Mais ce contenant est si large que, plutôt qu'une sécurité, qu'une protection, il suscite des sentiments de perte des repères, d'angoisse de dilution, de disparition. La mondialisation ne fait-elle pas resurgir des réflexes protectionnistes, nationalistes, corporatistes, communautaristes? C'est-à-dire qu'une enveloppe trop large, qui se veut « exhaustive », même comme idéal d'une totale maîtrise du monde par l'homme, ne peut exercer efficacement les fonctions de contenance. La mondialisation introduit, en effet, et pour la première fois, une enveloppe qui n'aurait pas d'extérieur puisqu'elle englobe le monde lui-même. On ne s'étonne donc pas d'observer ces tentatives de replis dans de plus petits contenants, mais aussi de voir l'accélération des recherches sur l'existence d'autres mondes (et peut-être habitables ?) ! C'est dire l'actualité de cette réflexion.

Contenir ne suffit pas, comme l'ont montré des auteurs comme W.R.Bion et R.Kaës, il faut une fonction de contenance (c'est-à-dire quelque chose d'actif, de vivant, pas seulement un contenant matériel), associée à une fonction « conteneur », soit une mise en travail psychique. L'expérience des institutions de soin illustre souvent ces différences : une pièce confortable pour recevoir un groupe de patients et le rassemblement de quelques individus ne suffisent pas à faire un groupe. De plus, un groupe de patients peut fonctionner pendant des années sans avoir les qualités nécessaires pour être thérapeutique (il est un bon contenant c'est tout !), Mais aussi certaines institutions, à certains moments de leur fonctionnement, ne sont pas prêtes à supporter un groupe thérapeutique.

Comme nous l'avons déjà souligné, Dominique Perrouault ne reste pas à l'analyse abstraite, spéculative, aux modèles et aux schémas qu'il propose judicieusement, il montre l'utilisation possible sur des situations concrètes et ouvre des perspectives cliniques, comme dans les situations interculturelles, intergénérationnelles (familiales ou institutionnelles), par exemple. Le nombre et la richesse des situations cliniques qui illustrent les propos invitent aussi le lecteur à un positionnement vis-à-vis de situations très variées : du transsexuel aux bandes de quartier, en passant par les situations familiales complexes, les situations interculturelles, les emboîtements des contenances dans les institutions comme dans les familles, la gestion des associations, etc.

La contenance tierce est proposée comme réponse aux conflits. Elle offre une articulation entre deux ou plusieurs contenances dans un nouveau contenant plus large qui porte la fonction de tiers. On pense ici à cette nouvelle profession de «médiateurs» apparue ces dernières années, et qui n'est pas sans rappeler la position du sage, de l'ancien des cultures traditionnelles. La contenance est ici déclinée dans ses diverses formes, simple, plurielle, tierce etc...

Déjà en 1912 (1), le psychologue T.Lipps observait l'insuffisance du modèle associationniste (association par contiguïté, par ressemblance, etc.) alors en vogue. Il observait que le processus des associations d'idées n'était pas rendu dans sa complexité. Il devait exister un tiers, externe aux deux idées, mots, associés l'un à l'autre, tiers avec lequel chacune de ces idées était en relation. C'est de ce tiers que l'association détiendrait sa force. Et, pour en rendre compte T. Lipps s'appuyait sur le paradigme musical de la note fondamentale, note non jouée, mais présente dans chacune des notes de l'accord. Cet élément tiers n'apparaît donc pas mais est en résonance avec chacun des autres. T.Lipps se saisit de cette observation pour l'appliquer aux associations d'idées : chaque idée est en relation avec un élément tiers, commun aux deux idées, élément non exprimé et non conscient. Freud fut particulièrement sensible à cette argumentation. En effet, ses correspondances avec W.Fliess nous apprennent que c'est à ce chapitre précis qu'il... abandonna la lecture de cet ouvrage de T.Lipps ! Cette trop grande proximité avec ses propres recherches sur l'inconscient pouvait en être la cause. On trouve bien ici cette tiercéité au coeur de l'ouvrage de Dominique Perrouault. Freud inclura cet inconscient dans un contenant plus large : l'appareil psychique individuel (comprenant le Ca, le Moi et le Surmoi, soit aussi le conscient, le préconscient et l'inconscient).

Depuis R.Kaës a proposé un contenant encore plus large puisqu'il s'agit du groupe, avec le concept d'appareil psychique groupal, construction psychique des membres d'un groupe, par projection de leurs propres groupes internes. On aboutit ainsi à un degré supérieur de complexité du modèle, en même temps qu'à une meilleure compréhension des situations cliniques.

J'évoquais en 2007 (2), à la suite des publications du philosophe E.Morin, la nécessaire recherche, pour le clinicien, d'un modèle qui rende compte de la complexité du travail clinique, et m'appuyais sur le modèle polyphonique de la structure musicale, structure qui offre, en plus du phénomène de résonance souligné par T.Lipps, toutes les formes de regroupements des voix, instruments, parties (soit toutes les formes de relations entre deux ou plusieurs individus), de l'isomorphie de l'unisson à la plus grande polyphonie, c'est-à-dire au maximum de différences (timbres, textes, langues, mélodies, rythmes) qu'il soit possible de contenir dans un ensemble musical (1994) (3). Dominique Perrouault, psychologue formé à la musicothérapie, utilise cette dernière dans certaines de ses pratiques cliniques.

Les modèles sont des outils de pensée très précieux, notamment pour celui qui se trouve confronté à des situations difficiles, conflictuelles, voire traumatiques. Ces différentes mises en perspectives n'offrent pas qu'un plaisir intellectuel, mais ouvrent des voies de compréhension nouvelles de la complexité des situations conflictuelles de l'individu, de la famille, du groupe, des institutions, dans leurs articulations aux sociétés et aux cultures.

Cet ouvrage sera très utile à tous les lecteurs à la recherche d'une lecture des phénomènes relationnels qui ne soit pas simpliste, réductrice par souci de rentabilité immédiate, mais qui ouvre plutôt à la dimension du sens, à une mise en perspective qui offre à chacune des personnes concernées l'occasion de se repositionner.

1- Lipps T. *Grundtatsachen des Seelenlebens*, Bonn, Verlag von F.Cohen, 1912

2- Lecourt E. « L'individu en situation : la formation à la clinique des groupes et des institutions, ou comment
   enseigner la complexité clinique » in J.P. Martineau et A.Savet *La formation professionnelle et les fonctions des
   psychologues cliniciens*, Paris, L'Harmattan, 2007.

3- Lecourt E. *L'expérience musicale, résonances psychanalytiques*, Paris, L'Harmattan.

LA CONTENANCE TIERCE

INTRODUCTION

L'évolution sociale actuelle révèle quelques questions fondamentales pour l'être humain quant à sa place dans l'humanité qui l'entoure.
Entre individualisme et collectivisme, égoïsmes et solidarités, personnalité propre et entourage, image sociale et milieu, l'homme du XXIème siècle se cherche une place dans un large contexte qui va de l'isolement à la mondialisation.
Par qui ou par quoi cet homme est-il concerné ? de quelles réassurances a-t-il besoin pour être bien « dans sa peau » ? de quelles représentations dispose-t-il pour se figurer lui-même, se donner une image dans son environnement ?

Au-delà de ces interrogations il a compris, grâce à l'approche introspective puis à la psychanalyse, que l'individu (indivis) qu'il était devait précisément se diviser pour être sujet, et que les groupes qu'il formait avec d'autres pouvaient avoir une seule et même personnalité (morale notamment).

Plus on dit que l'individualisme se développe et plus les hommes se ressemblent, fondus dans un moule imperceptible qui les aliène à l'actuel, en projetant au-devant des fantasmes celui du clone.

Toutes ces questions interrogent la notion de frontière, de limite, de distinction entre l'interne et l'externe, de séparation.

Comment alors trouver un modèle qui permette de penser ces questions à partir d'un même processus puisque la problématique semble s'appliquer à tant de champs a priori distincts ?

Quel concept suffisamment transversal sera susceptible de rendre compte des processus qui se jouent aux limites de l'homme, en toutes circonstances ?

Il semble que celui de contenance soit assez dynamique pour traduire, dans la diversité des situations, les procès qui s'actualisent dans la confrontation à la limite.

La contenance est en effet la capacité à contenir dans des limites. Contenir est ici à prendre de manière étymologique c'est-à-dire à tenir avec, tenir ensemble des éléments qui peuvent être séparés.

La définition est alors à décliner dans le champs de l'homme et ouvre un vaste programme d'étude, celui de la *capacité d'un système humain à maintenir ensemble des éléments séparables*.

De ce point de vue, la contenance répond d'abord à un risque, ou une crainte, d'explosion. C'est une défense contre la dispersion ou l'éclatement pour un groupe, le morcellement pour un individu, la déliaison pour une relation, la désunion pour un couple.

C'est sans doute parce que l'unité individuelle de l'homme s'est vue remise en cause que cette crainte archaïque remonte ainsi à la surface des interrogations humaines. C'est aussi pour cette raison qu'une conception générique doit pouvoir y répondre, l'unicité du modèle renvoyant alors directement à la dimension méta-individuelle du questionnement.

Certes, la transversalité d'un modèle en restreint les applications trop particulières, mais elle en assure la valeur heuristique dans l'approche de questionnements soulevés par un même et primaire fantasme : celui de la disparition, que ce soit celle de l'individu ou de l'espèce, et du retour au chaos.

Il faut alors se pencher sur les conditions de la transversalité de la contenance et sur les types de problématiques qu'elle permet d'approcher. Nous verrons comment il est utile de référer cette question à celle des définitions, c'est-à-dire à l'ouverture des concepts eux-mêmes : la contenance et la contenance psychique en particulier.

La confrontation des différentes contenances nous mènera à en étudier les articulations, là encore avec une modélisation qui permette une approche la plus large possible des processus mis en jeu. Des illustrations cliniques viendront ensuite soutenir la prégnance du modèle.

On verra alors comment la composition des contenances, en particulier dans la contenance tierce, introduit des potentialités de processus symboliques qui ouvrent sur des propositions intéressantes dans le domaine des conflictualisations humaines.

<u>De la diversité des questions de contenance</u>

Quelle contenance existe aujourd'hui pour les jeunes, pour l'emploi, pour les SDF, les exclus ou les rejetés, ceux qui souffrent dans le mal-être ou la maladie, les nourrissons qui découvrent le monde, et plus généralement ceux qui se cherchent un lieu où vivre ? Quelle contenance existe pour les institutions, les structures de la société ?

Cette question globale, sociétale autant que sociale aujourd'hui, renvoie la société des hommes à ses références, ses cadres, ses idées et les hommes eux-mêmes à leur place, leur rôle, leur existence propre.

L'éclairage des psychistes peut avoir aujourd'hui valeur, sinon d'exemple, au moins d'alerte, d'éveil à un regard plus « clinique » c'est à dire plus centré sur les personnes et, à travers elles, ce qu'elles expriment de leur malaise. Un regard plus centré sur les groupes de personnes et leurs divers fonctionnements, tant l'intrication de l'individuel et du groupal se fait sentir dans ces souffrances.

La notion de contenance peut apporter un angle de vue différent qui permettra d'entrevoir, ou au moins de chercher autrement, des solutions adaptées à ces problèmes généraux dans leur expression concrète, celle que vivent des personnes, des familles ou d'autres groupements.

L'idée de contenance peut, en effet, aider à comprendre les modes de fonctionnement conflictuels ou, à l'inverse de déni, de certains groupes ou de certaines personnes en formalisant une approche subjective des liens établis et des cadres qui y sont attachés. Elle permet, notamment, d'envisager la dépendance sous un angle aussi bien positif que négatif en y intégrant l'idée même de conflit, à partir de la question de la confrontation de contenances distinctes, qui implique des remises en cause de repérages, de limites, d'images et de cadres.

C'est en tant que psychologue clinicien, que praticien, que j'ai été amené à m'interroger sur un modèle d'approche des confrontations de contenance. J'y ai été sensible aussi bien en ce qui concerne des associations, dans leurs rapports de rivalité, de dépendance, etc…, notamment au sein d'un CREAI (Centre Régional d'Etudes et d'Actions pour les Handicaps et les Inadaptations), que des familles amenées à rencontrer un juge des enfants parce qu'un enfant symptôme vient exprimer un malaise lié à son fonctionnement. Enfin, sur un plan plus individuel, en ce qui concerne des personnes meurtries dans leur identité, leur unité ou les relations avec leurs proches.

L'articulation des contenances, dans les groupes et pour les individus, doit alors être prise en compte, en simultanéité comme en succession.

Tel enfant issu d'une famille, d'un pays, est soudain déplacé, transplanté dans un autre pays, une autre famille. Déraciné, il s'adapte difficilement et se retrouve « placé » dans une famille d'accueil, puis une institution pour enfants en difficulté sociale et son cheminement ne s'arrête pas là.

Chaque fois qu'il est dans un lieu, il est pourtant dans un cadre social déterminé, un contenant pour lui, avec une adresse et des personnes qui proposent une éducation. Mais à chaque explosion du cadre, un autre cadre est mis en place, un relais est assuré, souvent sans continuité, sans analyse, sans discussion, sans confrontation, sans conflit autre que de contenu à contenant, d'enfant à adultes, de cas social, ou psychiatrique, à structure sociale. Il continue alors à errer d'un contenant à un autre sans vraiment s'y trouver contenu.

<u>De l'intérêt clinique de la contenance</u>

L'intérêt de cette approche clinique est de montrer en quoi il est aujourd'hui nécessaire de se décentrer de la seule prise en compte du sujet pour comprendre une situation de malaise ou de dysfonctionnement.

Si la clinique est affaire de praticien au chevet du patient, elle se doit d'observer également son environnement, son anamnèse et pas seulement ses symptômes et son vécu propre immédiat.

S'intéresser à la contenance, c'est prendre en considération le lien entre la personne et son entourage, entre l'interne et l'externe proche. On verra alors que la contenance est à appréhender comme relation entre un contenant et un contenu, dans le méta- du psychisme humain.

L'expérience pratique est riche en situations où ces repérages peuvent être sollicités. Nous présenterons ici quelques observations qui amènent des questions de contenance à être formalisées dans une problématique d'articulation.

Les exemples cliniques qui suivent vont montrer en quoi la superposition de contenances implique une problématique de confrontations de celles-ci par rapport à un champ déterminé, associé à un sujet, qu'il soit individuel ou de groupe.

Les cas présentés concernent des superpositions de cadres contenants liés à : – la population prise en charge – l'action menée – la limite de compétence – la distinction entre l'interne et l'externe.

1- L'intervention en gérontopsychiatrie.

Dans les activités de secteur en psychiatrie adulte, l'équipe est confrontée au vieillissement de la population. Cela a amené dans notre secteur divers aménagements. D'une part en interne, avec certaines spécialisations, notamment l'affectation d'un poste d'infirmier de secteur extra hospitalier à un travail plus spécifiquement destiné à prendre en charge les patients âgés de la psychiatrie. D'autre part en externe, un service de gérontologie, nommé coordination gérontologique, s'est ouvert, venant renforcer à l'hôpital les services de gériatrie déjà existants.

La nécessité de prise en charge coordonnée, dite actuellement partenariale, et les financements prévus à cet effet, ont créé une superposition de cadres liée à la population prise en charge que sont les patients âgés de la psychiatrie. Cela définit la place de la gérontopsychiatrie.

Dans notre pratique, au CMP, une fois par semaine les cas particuliers sont exposés à l'ensemble de l'équipe qui joue un rôle de tiers, renvoyant aux soignants ce qui s'exprime de la relation entre soignés et soignants.
En réunion, l'infirmier qui occupe le poste évoqué plus haut expose un cas qui lui pose question.
Une femme de 92 ans, Mme A., qui habite un endroit assez isolé, a fait l'objet d'une demande de protection tutélaire. Elle a de nombreux biens. Sa fille, qui habite Paris, vient peu souvent la voir et c'est sa petite fille, qui se rend à toutes les vacances scolaires en Limousin chez sa grand mère, qui est à l'origine de la demande. Elle craint que son beau père, nouveau mari de sa mère, essaie de mettre la main sur ces biens. C'est sa grand mère qui finance en partie ses études.

Le psychiatre qui fait l'expertise à la demande du juge des tutelles a préconisé une tutelle et, comme il est également responsable de l'équipe de secteur extra hospitalier attachée au CMP, a proposé l'intervention de l'infirmier pour faire accepter à cette femme la venue des intervenants sociaux à son domicile et, éventuellement, préparer une institutionnalisation. Elle présente quelques symptômes de démence avec des éléments délirants.

Un tuteur est nommé, bien accepté par Mme A. qui regrette pourtant de ne plus maîtriser ses dons d'argent, notamment à sa petite fille.

Une travailleuse familiale intervient pour l'aider dans ses tâches quotidiennes. Elle l'appelle par son prénom et la relation est positive.

Le médecin traitant y a plus difficilement accès. Tout cela commence à faire beaucoup et, parfois, Mme A. n'ouvre pas sa porte.

L'infirmier de secteur y va une fois par semaine et elle accepte toujours sa venue.

Elle a en fait une propriété dans le nord, qui lui vient de son mari décédé il y a environ 3 ans, un appartement à Paris où elle a exercé avec son époux le métier de fleuriste pendant environ 30 ans. Ils ont ensuite acheté une propriété en Limousin, terre des origines, pour faire l'élevage de moutons pendant encore autant de temps. Actuellement elle est seule, a encore quelques moutons dont elle ne parvient pas à s'occuper réellement.

Lors d'une tempête et pendant un congé de maladie de la travailleuse familiale, son chauffage tombe en panne et elle est découverte en début de semaine en hypothermie à 35°. Elle est hospitalisée puis revient à son domicile. Il est préconisé le maintien à domicile mais avec un certificat pour l'intervention d'une infirmière DE pour sa toilette.

Elle s'oppose de plus en plus aux interventions extérieures et il est alors envisagé une HDT (hospitalisation à la demande d'un tiers), sauf si l'infirmier psychiatrique de secteur parvient à la convaincre d'être hospitalisée dans un service de médecine.

L'équipe de secteur renvoie à l'infirmier l'absence d'un cadre psychiatrique pour son travail, à partir d'un objectif du secteur. Le psychiatre qui lui a demandé d'intervenir n'a pas mis en place de suivi psychiatrique car il ne l'a vue que dans le cadre, privé, de l'expertise. La demande avait un objectif social : faire accepter à Mme A. les interventions. Celui-ci a d'ailleurs été atteint.

Cette absence de cadre psychiatrique d'intervention amène l'apparent paradoxe de la proposition : faire une HDT, donc psychiatriser le cas, sauf si l'infirmier psychiatrique parvient à la persuader pour une hospitalisation... en médecine. La substitution d'un cadre à un autre que le psychiatre a mis en place, sans superposition qui puisse articuler les contenants, a créé cette situation qu'on pourrait dire de décontenance.

Mais, à partir de là, la question posée est celle de la confrontation des contenants : la gérontologie d'une part qui propose des interventions à domicile, la psychiatrie d'autre part qui intervient dans un autre cadre. Mais l'infirmier, lui, se trouve, dans la même action, à devoir répondre aux deux cadres distincts alors que la relation qu'il établit avec la personne âgée est unique.

C'est alors cette relation qui est susceptible de déplacements pervers, d'inductions paradoxales ou d'emprise. La confrontation des contenants est ici à mettre en évidence pour que le travail commun aux deux approches et le travail en commun des deux services puissent être identifiés. Dès lors, il sera possible de différencier les actions et, éventuellement, d'en diminuer le nombre.

2- La classe relais et la superposition des ministères

La nécessité d'articulation entre le travail des professionnels de la justice et de ceux de l'école a souvent été pointée depuis plusieurs années.

Dans les années 90, une idée a permis de mettre en œuvre une telle articulation : créer une structure qui dépende en partie de l'éducation nationale et en partie de la justice. Les ministères correspondants ont alors demandé, au niveau départemental, que l'inspection académique et la direction départementale de la protection judiciaire de la jeunesse organisent ensemble ce qu'on appelle une classe relais.

L'objectif de ces classes est de prendre en charge des enfants déscolarisés alors qu'ils ont moins de 16 ans et sont donc encore soumis à l'obligation légale de scolarisation. Le but est de leur permettre de réintégrer un établissement scolaire ordinaire.

Le problème est que chaque ministère veut garder ses prérogatives, alors le personnel sera pour partie de l'E.N. (Education Nationale) et pour l'autre de la P.J.J. (Protection Judiciaire de la Jeunesse). Rapidement, on trouve un lieu, on nomme des gens et l'on fournit aisément une liste d'enfants concernés.

Administrativement, tout cela est possible. Mais il n'y a pas eu de projet élaboré préalablement par les acteurs directs de l'action à mener que sont les enseignants et les éducateurs. S'il était aisé, sur un plan organisationnel, de nommer des fonctionnaires et des lieux, cela ne pouvait l'être pour les objectifs opérationnels et les actions concrètes qui, elles, ne pouvaient être définies qu'à partir des problématiques présentées par les jeunes et observées par les travailleurs sociaux.

Or, la prise en charge éducative mise en place par les éducateurs spécialisés de la PJJ ou par les enseignants de l'EN renvoie à une pratique très différente dans les deux cas et à des cultures, ici de ministères, également distinctes. La première se fonde sur la protection individualisée d'un jeune singulier, la seconde sur l'apprentissage à plusieurs jeunes dans une classe.

Ces logiques éducatives auraient dû être confrontées et articulées avant qu'une action cohérente puisse être mise en place pour les enfants accueillis. Mais comment pouvait-on articuler des options distinctes sans grever l'action des uns et des autres ? Comment faire vivre des projets de ministères dans une institution unique et, à l'intérieur, développer un projet individuel pour chaque enfant reçu ?

Voilà le questionnement préalable nécessaire si l'on veut éviter les incohérences. D'autant plus que la logique dynamique des deux approches est inverse :

- dans le secteur de la protection, on définit un projet pédagogique d'ensemble, le plus souvent dans le projet d'établissement, et ensuite un projet éducatif, institutionnel pour l'équipe des éducateurs et personnel pour l'enfant.
- dans le secteur scolaire, on définit un projet éducatif d'ensemble pour ensuite mettre en place les pédagogies adaptées à chaque classe.

Pourtant, les personnes se sont engagées et les jeunes aussi. Cet élan de vocation nouvelle permet que des actions se réalisent et, après 2 ans de fonctionnement, quelques constatations positives ont pu être faites : 60% des jeunes sortant des classes relais se retrouvent dans un système ordinaire de formation initiale, et 84% sont pris en charge à leur sortie.

Espérons que le cadre soit solidifié, articulé et mieux institué pour que les effets positifs de la nouveauté puissent se pérenniser dans une structure dont la contenance soit repérable dans l'articulation des autres.

On voit bien ici comment il est nécessaire de considérer les articulations de contenances dans leur succession et non seulement dans leur simultanéité.

3- L'E.M.S.P. et la superposition palliative

L'Equipe Mobile de Soins Palliatifs, rattachée au centre hospitalier de la préfecture du département sur lequel elle est « mobile » m'a demandé d'assurer ce qui est appelé dans le contrat une supervision. Celle-ci est mensuelle et doit permettre à l'équipe un recul vis-à-vis des situations prises en charge.

Cette équipe n'est pas un service hospitalier puisqu'elle n'a pas de lits, mais elle intervient auprès d'autres services hospitaliers du département, de maisons de retraite ou d'autres institutions publiques ou privées, ou encore dans le cadre de certaines hospitalisations à domicile.

La première année de travail avec cette équipe a donné lieu à une parole sur l'équipe elle-même. Plusieurs thèmes ont pu être identifiés, tous supportés par une trame continue qui a pu être repérée comme oscillation entre le binaire et le ternaire. Ils touchent à l'identité, au vécu, à l'échange et au lien.

Il y est question d'image, de nom et de fonction quant à l'identité du groupe lui-même, c'est à dire de l'équipe.

Le vécu est rapporté à la réalité perceptive de l'espace et du temps, aux ressentis de souffrance et d'angoisse, associés à la douleur, la mort et la perte, et à ce que les autres attendent de l'équipe face au manque, au vide ou à la carence.

L'échange, dans le relationnel, est décliné en rituel, langage et parole, mais aussi expression, partage et actes.

Le lien, lui, reste à établir chaque fois et de manière différente. Les questions de contenance s'attachent aux limites : le lien est établi, mais entre qui et qui, de quelle manière, etc… L'équipe s'est accordée à le voir « entre parole et acte ».

Le travail effectué par l'EMSP concerne les patients mais aussi les familles ou les soignants qui ont en charge la pathologie des patients.

Lorsqu'il est fait appel à l'EMSP, c'est que le soin curatif n'est plus efficace. L'équipe soignante a atteint les limites de sa compétence, de son efficience. Pour autant, elle ne passe pas un relais, ne se décharge pas du malade qui reste dans le service où il est soigné. C'est l'EMSP qui se déplace.

C'est là une superposition de contenants de soins, les uns curatifs et les autres palliatifs, les premiers à objectif de guérison, les deuxièmes à objectif « d'accompagnement ».

La racine latine, palliare, signifie couvrir d'un manteau, ce qui explique la définition du verbe pallier qui est « remédier de manière incomplète ou provisoire » (Larousse), ce qui est palliatif est alors ce qui permet de détourner de manière provisoire un danger ou un obstacle. En médecine, un traitement palliatif n'agit que sur les symptômes sans s'attaquer aux causes et un soin palliatif est destiné à accompagner le malade jusqu'à la fin de sa vie.

On conçoit alors que les superpositions soient un peu complexes et provoquent des conflictualisations plus difficiles à repérer au niveau des soins et des relations qui les portent qu'au niveau administratif des services du centre hospitalier.

Quel est alors ce « manteau » dont les soins palliatifs recouvrent l'incapacité du soin curatif à atteindre son but ? Quelle est l'interaction des soins entre eux ? Qu'est-ce qui leur est commun ou spécifique ? Qu'est-ce qui peut alors être partagé entre les soignants, les membres de la famille vis à vis du patient ? Toutes ces interrogations reviennent de manière lancinante.

Les émotions sont semble-t-il « projetées » sur les soignants, amenant parfois des « déstabilisations » difficiles à supporter. Il est alors question de « partage », de « transfert » de ces émotions. Là aussi, le « recul » est pris lorsque la parole permet de « replacer » des « limites », des « distances » pour retrouver une contenance propre. On évoque alors dans l'équipe « l'effort d'adaptation » nécessaire, dans une période de « transition », où l'émotion se trouve dans des « vases communicants ».

La superposition induit ici une certaine confusion. L'EMSP doit apporter du sens, dans une « position de tiers » et faire de la « médiation », de « l'intermédiaire », de « l'intercession ». Une des hypothèses est que cela est rendu possible parce que cette équipe est « non impliquée », « indépendante », « hors hiérarchie »... pourtant elle fait partie du centre hospitalier.

Ce sont alors les articulations de contenants qu'il faut interroger pour trouver les mots pour dire, les conventions pour définir, les actes pour soigner. C'est bien de contenance psychique dont il s'agit alors, aussi bien individuelle que collective.

4- La superposition de l'intérieur et de l'extérieur dans la psychose.

Zénou est une personne psychotique qui a fait une décompensation brutale, à 21 ans, se tirant un coup de fusil dans le ventre.

Deux caractéristiques principales se trouvent dans son cas activées : l'agglomération de problématiques qui sont les siennes et l'amalgame entre toutes les autres du monde extérieur.

S'il est passé à l'acte, « c'est parce que j'ai lutté contre un maire » dit-il.

La psychose était déjà présente et avait amené une scolarisation en Institut Médico Educatif avant le CAP agricole, pour « prendre la suite » de son père, puis l'armée où on ne le gardera pas longtemps.

Pour s'installer, il faut une propriété plus grande. Une parcelle est à vendre mais un voisin la convoite, le maire du village, avec lequel la famille est en litige sur des bornages, des séparations de terres, depuis plus de 50 ans. La SAFER, organisme qui s'occupe de ces problèmes de répartition, opte pour le maire. Zénou dit « je n'ai pas pu m'agrandir à cause de lui », la famille se résigne et lui, rumine sa déconvenue.

Il est embauché dans l'usine la plus proche et travaille, à corps perdu, comme son père l'a habitué à le faire sur la propriété : vite et en obéissant.

Vaguement amoureux, il l'a embarrassé une fois au bal, d'une jeune fille qui travaille avec ses deux soeurs dans la même usine que lui, Zénou se plaît à se montrer acharné au travail, mais cela lui vaut quelques réflexions ironiques de la part de ses collègues.

Un jour où il se sent la risée des autres, y compris de la jeune fille qui occupe ses pensées, il découvre que le chef d'atelier pour lequel il travaille tant n'est autre que le beau frère du maire qui l'a empêché de « s'installer », de « s'agrandir ». Tout se télescope alors, c'en est trop, il doit faire quelque chose. Il va chercher chez lui son fusil et, devant les collègues, à l'usine, se tire une balle dans le ventre. C'était, pourra-t-il dire beaucoup plus tard, pour éviter de tirer dans les autres, montrant la confusion qui régnait alors entre lui, son corps et le monde extérieur.

Il est sauvé de justesse, hospitalisé longtemps, et je le vois à sa sortie du service de psychiatrie du CHRU où il a été admis après son opération.

Pour lui, il aurait dû mourir. Il a « lutté » contre le maire et sa survie est la preuve qu'il avait raison. Il a « ça dans le ventre » et son « cœur » l'a sauvé. Dans ces expressions, il parle, lui, de ses organes, de ses cicatrices, qui sont les traces objectives de sa victoire dans l'acte : corps et code se confondent.

L'amour qu'il porte à la jeune fille, la propriété, les limites, le maire, l'usine, ses parents qui l'y ont fait entrer... « tout est dans le même sac ». « C'est l'humanité qui m'a fait ça » dit-il. Dès lors, ce qui se passe en politique, en Chine comme partout dans le monde, dépend de sa « lutte », de ce qui s'est passé.

Plus son corps guérit, plus il en veut au monde entier. Le coup de fusil n'est plus vraiment le sien, c'est la faute du maire « qui a fait ça », c'est la terre entière qui a produit l'acte.

Que penser de cet espace corporel et de cet espace psychique qui ne se correspondent plus ?

Ce sont les limites de contenance qui sont devenues floues et provoquent des confusions insupportables qui portent Zénou au passage à l'acte. Comment alors amener le repérage des espaces d'échanges et d'interactions ? Comment articuler les deux mondes sans qu'ils ne se confondent ?

La question ne concerne plus un groupe de personnes mais une personne unique qui se trouve confrontée à une groupalité interne envahissante, déstructurante.

<u>De la transversalité du lien dans la contenance</u>

Comme on peut le voir dans ces différents exemples, la contenance est une des références qui paraissent indispensables pour le repérage de ces questions d'articulation, mais quelle est-elle dans ces contextes variés et distincts ?

La contenance est en effet complexe et semble disparate dans les différents exemples décrits. Elle est une fonction physique, d'habitation, de localisation pour un contenu, inscrite en un lieu plus ou moins porteur de sens. C'est aussi une fonction psychique de limitation, inscrite dans la réception, l'accueil, l'écoute et l'adresse d'un message en retour. C'est cette double fonction, et son devenir dans l'articulation des contenances, qui est ici mise en question.

L'articulation des contenances est alors à considérer dans un contexte symbolique plus large. La contenance tierce notamment permettra de repérer les contenants les uns par rapport aux autres, de les confronter, de les articuler pour que les dérives cessent de ne plus pouvoir être prises en compte.

On verra en quoi le tiers et la contenance peuvent amener, en étant associés, à proposer des voies de réponse et d'interrogation dans des situations cliniques parfois complexes.

De manière tant physique que psychique, la contenance touche aussi au domaine de l'identité. Les identifications établissent des communautés, permettant d'accéder par exemple à l'identification sexuelle d'un sujet, qui se sent alors dans le contenant des hommes ou dans celui des femmes. L'identité sociale d'un enfant, qui porte le nom du parent qui lui a donné, est elle-même un contenant, plus familial. L'identité personnelle de ce sujet s'associe alors à son « moi-peau » (D. ANZIEU) à son enveloppe propre, contenant ultime de son Moi qui est encore un autre contenant. La contenance peut alors être appelée dans toutes ces situations malgré leurs différences.

Les contenants ne sont pas exclusifs, ils s'articulent et s'entre-contiennent parfois. Les conflits que leurs confrontations engendrent ne se réduisent pas toujours aux schémas narcissique ou oedipien, ni même psychotique. Une étude de la notion de contenance peut alors apporter des pistes nouvelles d'ouverture et de recherche pour ce qui concerne ces confrontations de contenance, aussi bien dans le domaine individuel que dans celui des groupes et groupements.

Si la contenance tierce semble être la forme la plus intéressante du point de vue de ce conflit car elle articule deux contenants dans un troisième, il est important de poser la base conceptuelle générale, globale, de la contenance avant d'en préciser l'aspect tiers. L'intérêt théorique, au-delà de cette transversalité, nécessite que la contenance soit située par rapport aux conceptions qu'elle évoque, dans des champs distincts certes, mais toujours dans la dimension humaine du lien qu'elle sous-tend.

I LA CONTENANCE

C'est une notion qui n'apparaît que tardivement dans le domaine psychique puisqu'il faut attendre le psychanalyste W.R. BION pour l'aborder sous cet angle. Pour autant, c'est d'abord en termes de contenant, de contenu et de leurs rapports qu'il s'y attarde.

La contenance est pourtant une donnée usuelle, qui existe depuis des siècles, repérée encore essentiellement sur le plan physique au début du XXème.

L'étude de la signification du terme amène à considérer de nouveau l'aspect polysémique qui s'y attache, ce qui souligne sa valeur transversale mais aussi la dynamique de liaison interne qui s'y développe au cours du temps.

Définition et évolution historique du concept

A y regarder de près, les dimensions physique et psychique sont présentes dans la contenance depuis fort longtemps.

Le dictionnaire LAROUSSE universel renvoie la contenance à des aspects essentiellement physiques : capacité, dimension intérieure, attitude, maintien.

Cependant, une première distinction est faite pour rapprocher cette notion de certaines qualités humaines et de leur origine : les unes sont rapportées à l' « âme » (maintien) et les autres le sont au « corps » (port, prestance, représentation).

On peut noter une seconde distinction qui tient plus directement aux limites : si capacité et dimensions intérieures renvoient à des caractéristiques de l'interne, attitude et maintien renvoient à des données de l'externe.

On peut enfin ajouter une troisième distinction concernant la nature des éléments évoqués : les expressions plus complexes citées en exemple se rattachent toutes aux aspects extérieurs, la contenance est alors à considérer comme objet et non plus comme caractéristique. Perdre contenance c'est se troubler, se donner une contenance c'est se maîtriser etc... .

Ainsi, la contenance réunit l'âme et le corps, l'interne et l'externe, avec une fonction de maîtrise des émotions. C'est dire que, bien avant que les psychistes s'y intéressent, la dimension globale, liée à la totalité physique et psychique de l'être humain, y était déjà bien présente.

Historiquement, la contenance, telle qu'on vient de l'évoquer, est apparue assez tardivement dans le langage d'expression française. C'est en effet seulement au XIème siècle qu'on peut la trouver, elle est alors relative à la façon de se contenir, de se comporter. Avant cette période, le verbe contenir ne renvoyait, comme le latin continere dont il est issu, qu'à l'idée de retenir, de réprimer. Ce sens est d'ailleurs encore présent actuellement dans le verbe contenir, et on le retrouve notamment dans le mot incontinence. C'est donc l'idée de contrôle du maintien, des attitudes qui apparaît au XIème siècle.

C'est au XIIIème siècle que semble émerger le rapport entre contenant et contenu. Tout d'abord avec l'idée d'étendue, de surface permettant d'y former quelque chose, d'y situer un contenu. Au XVIIème siècle, cette approche est élargie aux volumes et la contenance rejoint alors la capacité volumique. Dans le même temps, elle traduit les règles du maintien, du bon ordre, selon le dictionnaire du XVIIème siècle de De FURETIERE. Les deux sens coexistent alors clairement.

Au XIXème siècle, la contenance devient parfois le « contenu virtuel » pouvant être introduit dans un contenant, ce qui rejoint l'approche de W.R. BION sur la relation contenant-contenu que nous aborderons plus loin. Parallèlement, une version péjorative, faisait de la contenance une attitude fausse et calculée dans le but inavoué d'imposer quelque chose à quelqu'un.
Incidemment, la contenance a pu alors être associée à la capacité d'absorption, notamment en ce qui concerne l'alimentation.

Ainsi est-ce autant la capacité à intégrer des éléments que celle de les retenir qui est ici mobilisée.

Cette complexification traduit bien l'évolution de la multiplicité des sens accordés à ce terme. Mais cette densification reste toujours cohérente, c'est seulement l'angle de vue qui change selon qu'on s'attache au contenant, au contenu ou au rapport qui les unit.

On pourra aussi noter un autre double aspect, évoqué cette fois par le dictionnaire ROBERT, qui est relatif à l'attitude. Si celle-ci est fière elle est signe d'assurance, de prestance, si au contraire elle est humble, elle traduit l'affectation. On peut alors aller jusqu'à perdre contenance, ce qui a donné naissance au verbe décontenancer, avec ce qu'il y a de troublant dans le vécu qui y est associé.

Dernier aspect enfin : celui d'éléments opposés dont le terme contenance est dépositaire, qui est souligné cette fois par le LITTRE : la contenance est une qualité, quand il s'agit du maintien ou de l'attitude, elle est une quantité lorsqu'elle traduit une capacité, volumique par exemple.

C'est aujourd'hui une fonction complexe qui est appelée au travers de celle de contenance, mais structurante et articulatoire puisqu'elle est physique et psychique, qualitative et quantitative, accueillante et retenante, destinée tant à l'expression qu'au contrôle.
Au niveau psychique, elle pourra alors être un support fondamental d'intégration, d'identification, de repérage.

Le projet d'une étude de la contenance sur le plan psychique renvoie, on l'a compris avec la complexité de la notion de contenance, à une diversité qu'il est bon de décrire plus clairement pour éviter les confusions.
Il est alors nécessaire de repérer les référentiels théoriques préexistants qui permettront de baliser les contours de la contenance, d'en mettre en évidence les limites.

Travailler sur les limites d'un concept lui-même articulé sur une question de limite impose deux attitudes distinctes. La première est d'identifier les champs pratiques et théoriques qui utilisent le terme, qui mobilisent des problématiques psychiques propres à cerner le sens qui s'attache à la notion. La seconde est de réfléchir au-delà de la notion elle-même, dans le méta- d'une approche à la fois schématique et appliquée, et de tenter de poser un modèle de conception globale qui permette de décliner des applications concrètes dans des champs variés du psychisme, que celui-ci soit individuel ou collectif.

C'est la rencontre du psychique et de la contenance qui va donc servir à interroger les recherches précédentes.

II **LA CONTENANCE PSYCHIQUE**

La dimension humaine impose un cadre qui renvoie à l'objet même de la psychologie. En effet, la psychologie, si elle s'attache à comprendre le fonctionnement psychique de l'être humain, reste un domaine multiple et complexe puisqu'il est celui d'une approche des hommes concernant des hommes. La nature ambivalente de l'homme soutient depuis longtemps sa propre réflexion sur lui-même et c'est toujours en terme de dichotomie que s'entame une approche du fonctionnement de l'individu. Le psychisme doit gérer cette ambivalence à être ou ne pas être, unifier le corps et l'esprit dans une individualité qui repose précisément sur une division interne.

Toute la complexité qui s'attache à la notion de contenance va donc pouvoir être mise à contribution dans le domaine psychique. Bien entendu, plusieurs conceptions ont été développées, parfois même se sont opposées.

Nous n'évoquons pas ici la contenance en tant que caractéristique d'un volume dont Jean PIAGET a montré que la conservation, sur le plan opératoire, ne se faisait que vers 11 ou 12 ans et semble être une des conservations cognitives les plus tardives dans le développement de l'enfant.

La contenance psychique s'entend ici dans les dimensions du vécu personnel et doit être considérée dans une approche interne et externe mais aussi subjective et objective. L'approche de cette notion se situe dans la dimension individuelle et collective du vécu humain et donc dans une conception élargie qui rejoint la richesse et la complexité évoquée plus haut du terme contenance dans la langue française aujourd'hui.

S'agissant d'une propriété, on peut dire de la contenance qu'elle renvoie d'une part à la fonction qu'elle mobilise et d'autre part à ce qui permet le développement de cette fonction à savoir le contenant dont la forme concrète est une limite et semble fréquemment apparaître sous le terme de cadre. On verra là encore que certaines confusions ont pu être développées.

La contenance psychique doit être comprise globalement, tant sur le plan cognitif, rapporté au corps, aux perceptions ou aux images mentales, que sur le plan émotionnel ou affectif, rapporté aux représentations, aux affects, aux fantasmes, ou sur le plan social, rapporté aux groupes et aux normes qu'elle ne manque pas de faire apparaître.
C'est donc une approche générique qu'il convient d'utiliser pour permettre ensuite d'aller du général au particulier, en terme d'application du modèle.
C'est là une démarche complexe dans le domaine psychique car les spécifications des concepts y sont souvent développées dans des champs particuliers qui parfois se heurtent sur un plan épistémologique mais ne font tous que traduire une approche multiple d'un unique objet : l'homme.

C'est seulement au XXème siècle que l'approche psychique de la contenance apparaît et ce sont les psychanalystes qui s'y sont intéressés. La psychosociologie, s'en était rapprochée en évoquant l'appartenance sociale à un groupe.
La fonction psychique de contenance a été abordée en premier lieu par W.R. BION, sous l'angle de la relation contenant-contenu. Il n'y a en effet pas de contenu sans contenant et pas de contenant sans contenu, fut-il absent ou simplement virtuel.

1) <u>Les conceptions psychanalytiques</u>

C'est dans les dimensions individuelle archaïque d'une part et groupale d'autre part que se sont développées les conceptions psychanalytiques au cours du XXème siècle.

1.1- Approche de W.R. BION

Il évoque cette contenance dans le domaine groupal, où la « mentalité du groupe » est le réceptacle, le récipient où sont déposées toutes les contributions des membres du groupe. La réalité du groupe est ainsi assurée, vis à vis de la créativité de ses éléments, par un contenant qui est rassembleur et réceptacle.

Il l'évoque surtout dans la relation mère-nourrisson. Pour lui, c'est cette relation elle-même qui est imprégnée d'émotions. Si celles-ci sont positives cela va amener le développement, la croissance, l'acceptation du doute. Si elles sont négatives, cela entraînera une perte de sens et de vitalité.

Selon lui, la mère est un contenant dont une des fonctions est de transformer les émotions négatives projetées par son bébé en éléments positifs qui lui permettent à lui, en retour, de former en soi-même un contenant capable de contenir ses émotions, notamment les plus violentes. Il appelle cette aptitude à accepter et transformer les éléments de projection de son bébé la « capacité de rêverie » de la mère. Cela permet la transformation des éléments β, formés de vécus non intégrables, en éléments α propres à être compris et localisés.

C'est dans ce contexte que le contenant apporte, grâce à la fonction de contenance, du sens au vécu. C'est cette activité de transformation qui est alors à la base de celle de contenance psychique propre qui, elle, assurera une certaine stabilité pour le sujet naissant.

On voit ici que cette relation contenant-contenu est essentielle à l'élaboration de la personnalité du nourrisson.

Il distingue dans la contenance 3 types de ce qu'il appelle des « liens » dans le contenant-contenu :

- le lien « commensal » qui correspond à une cohabitation sans interrelations, comme simple contiguïté.

- le lien « symbiotique » qui renvoie à l'étayage de M. MAHLER et correspond à une relation réciproquement bénéfique.

- le lien « parasitaire » qui traduit l'effet négatif d'une interaction où l'un et l'autre se dépouillent de leur vitalité.

1.2- Approche de R. KAËS

L'aptitude maternelle évoquée par W.R. BION, même si elle est exprimée en termes de « capacité » qui traduit ici le fait d'être « capable de », évoque une transformation opérée par la mère qui ne relève plus de la seule contenance pure, du seul maintien. René KAËS a alors proposé de distinguer la fonction de contenance vraie qui s'attache au contenant « passif », dépositaire des éléments projetés, et la fonction de « conteneur » qui, elle, transforme les données psychiques brutes en éléments intégrables que W.R BION appelle éléments α. C'est la fonction de conteneur qui amène du sens tandis que la fonction du contenant assure la stabilité temporelle et spatiale du soi.

Sa position sur le « sujet du groupe » et sa conception de l'appareil psychique groupal permettent d'articuler la contenance collective avec la contenance individuelle en posant le principe d'un étayage multiple du sujet et d'un groupe interne pour le moi. Ce système permet de penser la contenance de manière générique et de comprendre comment, grâce notamment à la notion d'appareil psychique groupal, la contenance interne du sujet, individu – qui renvoie à l'enveloppe et au moi-peau – et la contenance groupale – qui met en jeu le sujet du groupe – se retrouvent toutes les deux dans la question de la contenance d'un point de vue métapsychique.

Le cadre contenant est alors la partie stable, d'une personne ou d'un groupe, et le conteneur est la partie active qui permet d'utiliser le cadre.

1.3- Approche de D. ANZIEU

A partir de la position d'Esther BICK, qui évoque une « peau psychique » pour la personne humaine, Didier ANZIEU a développé les notions « d'enveloppe psychique » et de « moi-peau » qui sont des variétés de contenants psychiques. La contenance est alors pour lui une des huit fonctions d'enveloppe. Elle apparaît en seconde position après la consistance-maintenance et avant dans l'ordre, la constance, la signifiance, la concordance, l'individuation, l'énergisation et la sexualisation (94).

Cette contenance psychique se traduit de façon différente selon qu'on s'attache à certaines caractéristiques du contenant : sac, il détermine le continu-discontinu ; bord, il délimite le dedans et le dehors ; interface, il traduit l'adhésivité du contact ; frontière, il filtre, allant du fermé à l'ouvert ; sphère, il constitue un volume de mouvements.

Les principaux contenants psychiques humains sont les mains qui contiennent des objets extérieurs, la peau qui contient le corps, le moi qui contient les produits psychiques, le penser qui contient les actes logiques.

Il définit enfin 3 niveaux de contenances : le « conteneur », contenant passif et lieu de dépôt (à l'inverse de la définition de R. KAËS) ; le « contenant-contenu » en interaction qui renvoie davantage à la position de BION ; le « contenir », qui s'attache à la préhension de la main et à l'action propre du sujet.

La double enveloppe, une face tournée vers l'intérieur et l'autre vers l'extérieur, permet d'envisager le contenu non plus seulement par rapport à la limite qu'est le contenant, mais aussi par rapport aux éléments extérieurs au contenant, non contenus par celui-ci. C'est la dimension du négatif dans la contenance qui peut alors apparaître à partir de ce point de vue comme nous le verrons.

1.4- Approche de B. GIBELLO

Après s'être longtemps intéressé aux processus cognitifs, tout en conservant un regard psychanalytique sur le sujet acteur de ces processus, Bernard GIBELLO a mis en forme ce qu'il appelle les « contenants de pensée », qui sont les « processus qui donnent sens aux perceptions et aux raisonnements ».

Il distingue 3 types de ces contenants :

- Les contenants de la pensée archaïques où se regroupent les fantasmes inconscients, les contenants cognitifs et les contenants narcissiques,

- Les contenants symboliques complexes qui incluent le langage, la logique, mais aussi les expressions artistiques ou les mathématiques,

- Les contenants socio-groupo-culturels.

La contenance elle-même correspond ici à la capacité de donner du sens et se rapproche un peu de la fonction de signifiance, quatrième fonction d'enveloppe chez D. ANZIEU.

Selon Bernard GIBELLO en effet, il existe des « structures mentales dynamiques » qui donnent sens aux impressions sensorielles, aux perceptions, aux émois affectifs. Ces structures permettent la mémorisation, modifient les souvenirs et les liens associatifs. Il les nomme contenants de « pensées », soulignant qu'ils organisent des contenus faits de pensées c'est à dire de mentalisations. Ces contenants sont alors des « sortes de moules qui impriment forme et sens aux contenus de pensée, ou modifient leur forme et leur signification » (95, p.85).

S'il utilise peu le terme de contenance, B. GIBELLO fait pourtant référence à cette fonction dans le cadre du développement du petit d'homme. Pour lui, en effet, les contenants de pensées archaïques donnent les premières significations au bébé, dont les contenus de pensée sont faits de représentations d'affects, de choses et de transformations. Ils constituent un triple système de références sexuelles, cognitives, narcissiques. L'accès au symbolique, aux systèmes de signes, amène ensuite à ce qu'il appelle les contenants de pensées symboliques complexes. La maturation, à ce niveau des contenants de pensée, se terminant avec les contenants socio-groupo-culturels.

Lorsqu'un des contenants n'est pas opérant, il y a alors développement d'une dysharmonie cognitive, amenant à ce qu'il appelle joliment la « décontenance » et qui correspond à une perte de sens, s'inscrivant dans la compulsion de répétition et faisant perdre les repères issus de contenants précédemment établis.

1.5- Les aspects institutionnels

A partir des approches de BION et KAËS en particulier, la contenance a été mise à contribution dans la compréhension des phénomènes institutionnels et des fonctionnements dans les groupes institués.

Pour R. KAES (96), ce sont des « espaces de régulation » qui exercent la fonction conteneur dans les institutions, en retransitionnalisant ce qui a été vécu comme une menace d'éclatement dans le groupe, comme attaque contre la cohésion et la cohérence des liens institutionnels.

Antonello CORREALE reprend cet aspect pour expliquer quelques fonctionnements mentaux figés et répétitifs dans certaines structures sociales. Il dit en substance : « le groupe institutionnel, contrairement au groupe à orientation psychanalytique, ne dispose pas d'un appareil d'auto-analyse qui tend systématiquement à contenir, à sélectionner et à intégrer les expériences psychiques » (96, page 112). Il existe alors de nombreux « restes » non élaborés qui figurent l'imaginaire de manière inconsciente et bloquent les rôles à l'intérieur du groupe.

La contenance permet ici de distinguer d'une part les événements psychiques élaborés, le plus souvent verbalement, dans les espaces de régulation qui sont intégrés, par la mobilisation de la contenance du groupe, et d'autre part les événements non élaborés, les « restes », qui sont situés à l'extérieur du contenant formant ainsi une part du négatif par rapport aux éléments qui forment le contenu.

Bernard DUEZ met en forme cette caractéristique de l'approche psychanalytique au travers de ce qu'il appelle la « règle de contenance » pour les interventions de type psychanalytique qui sont utilisées en institution et qu'il énonce ainsi : « lorsque les dispositifs psychanalytiques sont importés dans les institutions, ils doivent être assortis d'une règle de contenance qui édicte des obligations internes et externes, "en interface" tant de la part des personnes que de l'institution elle-même » (96, p. 195).

On voit bien là comment la contenance devient structurante, amenant une limite, mobilisant une fonction qui permet de distinguer les éléments intégrables, ou même intégrés, de ceux qui ne le sont pas dans un ensemble signifiant caractéristique du groupe contenant. Le groupe institué est alors l'ensemble composé des personnes et des processus mis en actions, c'est-à-dire du groupement toujours en évolution de l'ensemble cohérent et fonctionnel qui forme l'institution.

2) **Les conceptions socialisées**

Le fait que la contenance concerne les individus mais aussi les groupes et les institutions amène à considérer son utilisation sociale, dans des approches théoriques ou pratiques qui en soulignent la fonction d'intégration. Nous verrons comment la psychologie sociale se positionne et comment une approche pratique en thérapie individuelle peut intégrer concrètement l'impact de la contenance dans un soin.

2.1- Approche psychosociologique

Pour les psychologues sociaux, les « contenants sociaux » sont des « formes de vie sociale » qui relèvent de la sociologie qui, elle, étudie les rapports entre les groupes sociaux, tandis que les contenus font l'objet de sciences sociales particulières comme le note M. N. SCHURMANS (94). C'est alors la place des membres dans le groupe qui est l'objet d'étude de la psychosociologie, et l'on y distingue, pour chaque personne, le groupe de « référence » d'une part et le groupe « d'appartenance » d'autre part.

La contenance n'apparaît plus alors au travers des caractéristiques du contenant, mais par l'intermédiaire de sa corollaire qui lie le contenu au contenant, caractéristique qui s'attache cette fois à l'élément contenu : l'appartenance. De la même façon que chez BION c'est le lien entre contenant et contenu qui est l'objet d'intérêt.

On verra comment le modèle booléen permet de souligner cette double dimension de la contenance : soit inclusion, soit appartenance.

L'appartenance à un groupe d'origine renvoie à l'identité sociale de la personne, dans son développement et son fonctionnement, mais également à l'identité culturelle, appréhendées par Geneviève VINSONNEAU au travers de la notion « d'identité cognitive » (94).

Dans une étude sur la comparaison d'individus appartenant à deux « groupes d'appartenance » distincts (français et maghrébins), elle évalue leurs similitudes et leurs différences à partir d'une comparaison dont la référence pouvait être soi-même ou le groupe. Elle montre que les catégorisations dépendent du contenant de référence. Si parmi les individus maghrébins chacun désire une assimilation au groupe dominant pour lui personnellement, il revendique pour son groupe d'appartenance une identité sociale différente, centrée sur « l'entité englobant le soi » (il s'agit ici du soi social). Si son adaptation personnelle doit se faire par rapport au grand contenant de la population vivant en France, son identification à l'image du membre appartenant au groupe d'origine est attachée à un contenant plus culturel que d'actions quotidiennes.

Cette conception renvoie à ce que Jean-Paul CODOL a appelé « l'appartenance catégorielle », qui situe l'appartenance comme relative à la catégorisation qui crée, ou provoque, le repérage et la délimitation d'un groupe qui devient alors un contenant au regard de cette catégorie. L'appartenance d'un membre à un groupe, d'un élément à un ensemble, est donc en correspondance avec la contenance du groupe. L'appartenance est alors dans ce contexte une liaison entre parties phénoménales aboutissant à la formation d'une certaine unité.

Willem DOISE, cité par Serge MOSCOVICI (84), souligne que l'appartenance reste attachée à l'individu, élément de base en psychologie sociale, en précisant : « un individu partage toujours ses appartenances à des catégories sociales avec certains individus et se distingue des autres individus par ces mêmes appartenances ». Le concept de « cohésion » prend alors des allures de ce que nous avons évoqué sous le terme de force du maintien dans la contenance puisqu'il est défini comme : « caractère d'une figure présentant une forte unité due à l'absorption de ces parties phénoménales par l'ensemble » (dictionnaire général des sciences sociales).

A ce stade, on peut se demander ce qui se joue de commun dans la contenance pensée comme fonction d'enveloppe chez ANZIEU ou comme forme sociale fondant l'appartenance chez SCHURMANS. N'y a-t-il pas place pour un modèle sous-jacent qui tienne au lien entre contenu et contenant, entre membre et groupe ?
On va voir comment en psychiatrie les deux peuvent être rapprochés, dans une technique de prise en charge thérapeutique.

2.2- Une application pratique : les enveloppements humides en psychiatrie

Pratique thérapeutique à visée réunificatrice, cette méthode, appelée aussi le « packing », vise selon Pierre DELION (66) à fabriquer ou développer une « fonction contenante » chez une personne qui vit un morcellement ou une fragilité de l'unité de son image corporelle. Cela ramène la contenance, dans une utilisation socialisée de soins, à sa dimension corporelle individuelle, donc à la fois à l'enveloppe dermale et à l'enveloppe psychique, dans le sens évoqué par D. ANZIEU.

Cette technique, d'abord évoquée en France par FLEURY en 1852 comme « emmaillottement humide », vise à provoquer une régression contrôlée (comme le terme d'emmaillotement le souligne) à une période archaïque du développement personnel pour reconstruire autrement une structuration de l'image du corps propre du patient. Développée notamment par Ester BICK, elle consiste à envelopper le patient dans un drap humide qui assure « la cohésion de l'ensemble ». Après 30 à 60 minutes, on procède au désenveloppement et l'on masse énergiquement, de manière centripète, le corps du patient. A raison de 1 à 7 séances hebdomadaires et avec une supervision toutes les 2 ou 3 semaines, cette pratique vise à favoriser l'émergence des affects et des représentations en structurant l'unité corporelle à partir de cette mobilisation d'une contenance concrète.

Geneviève HAAG, qui utilise cette pratique avec les enfants autistes, parle de « récupération de la première peau » et, avec celle-ci, de la première contenance de l'individu. Il s'agit ici non seulement de vivre physiquement cette « récupération », mais aussi de reprendre les effets interactionnels et relationnels qui seront à la base du parcours thérapeutique.

III <u>LA CONTENANCE SOCIETALE</u>

Pour le quidam qui vit en société, les bonnes mœurs et la norme impliquent un contrôle et une maîtrise qui apparaissent dans une capacité à s'auto-contrôler que l'on appelle parfois la contenance. Celle-ci renvoie à « la manière de se tenir » comme l'énonce le LAROUSSE et à « se » donner des comportements adaptés à la situation sociale dans laquelle se trouve le quidam en question. Mais ça n'est pas là une forme individualisée de réponse, bien au contraire, puisque tous doivent avoir la même en référence à une norme implicite dans la société.

Cela concerne alors l'ensemble de ceux qui se réclament de cette société ou en dépendent. C'est donc à la contenance du groupe, la société elle-même, que revient cette caractéristique, même si elle est mise en jeu par une seule personne.

La société est alors un contenant organisé pour les individus et les groupes qui y vivent.

On a vu que la psychosociologie traite de l'appartenance, cette qualité attachée aux liens qui unissent une personne à la société ou au groupe auquel elle est assignée. La sociologie approche les fonctionnements sociaux et les relations entre les groupes. On verra que le modèle mathématique de la théorie des ensembles distingue, dans la contenance, l'appartenance, caractérisant pour un élément le lien à un ensemble qui le contient, et l'inclusion, qui caractérise la position d'un sous-groupe par rapport à un groupe qui le contient.

C'est aujourd'hui en terme d'inclusion sociale que se pose la question de la contenance exercée par la société. On y oppose souvent l'exclusion pour les individus ou les groupes qui n'y sont pas intégrés de manière satisfaisante.

1) <u>L'inclusion sociale</u>

Elle concerne la façon dont la société peut contenir ses composantes et par conséquent est capable de produire de la cohésion, ou au contraire de la dissociation sociale. On a depuis longtemps compris que c'est la création de liens ou de déliaisons qui traduira la force ou la faiblesse de cette cohésion sociale.

C'est Emile DURKHEIM qui a décrit l'évolution des motifs de cohésion sociale au travers de ce qu'il a appelé les « solidarités ». Il a montré comment la société, dans les pays développés du XXème siècle, était passée d'une solidarité « mécanique », qui fonctionne par rapport aux ressemblances, à une solidarité « organique » en référence aux complémentarités.

Dans la première, les individus ont une place fixe, chacun est un rouage du système et doit garder cette place. Pour être dans ce type de société, il faut être un « semblable », avoir une place déterminée. Le système repose sur une genèse externe, le plus souvent de nature religieuse, qui prédétermine les places, la famille étant le mode le plus fréquent de repérage pour identifier cette place, au travers notamment de l'héritage ou du passage (par exemple « tel père, tel fils »).
Celui qui refuse la société refuse l'ensemble, il est alors détruit, « désintégré ». L'étranger, le non semblable, ne peut y acquérir aucune place. Le phénomène d'exclusion projette alors à l'extérieur celui qui s'est ou a été déplacé. C'est un bannissement ou encore un exil qui traduisent dans les faits cette exclusion. Aucune contenance ne lui est accordée.

Dans la solidarité organique, il en va tout autrement. C'est le changement et l'individualisation des positionnements sociaux qui prédominent, avec un souci d'adaptation, actuel et local, de plus en plus impérieux.
Dans cette logique là, il faut construire sa personnalité et son intégration qui ne sont pas préétablies. Cela implique une réadaptation constante des règles car elles ne suffisent jamais. Il faut les revoir ou en créer de nouvelles. C'est en ce sens que DURKHEIM parle « d'anomie ».
La genèse du système est interne à la société elle-même, le plus souvent sur un modèle scientifique, et repose sur la connaissance du monde, et de ses lois. Cette évolution

permanente confère une certaine instabilité aux fondements eux-mêmes de cette société. L'exclusion n'est plus alors un mouvement vers l'extérieur *de* la société, mais un mouvement et une dynamique *dans* la société, où des îlots d'exclusion se développent, créant des contenances locales, des sous-groupes.

Jean-François RAVAUD et Henri-Jacques STIKER soulignent ce point de vue, notamment à propos du handicap (2000). Ils proposent pour évoquer le travail de re-contenance, à l'instar de son opposé l'exclusion, le concept d'inclusion pour faire suite, depuis quelques 50 ans, à ceux d'adaptation puis d'intégration et d'insertion.

La normalisation et l'assimilation de chacun à la base unitaire du genre humain amène les notions de handicap, d'incapacité, de déficience, de désavantage à se développer, les différences étant alors déniées.

C'est dans ce cas le lien social qui tend à être entamé, impliquant un fort isolement des personnes, ce qui provoque des désaffiliations et, par suite, des créations d'identités différentes, donnant presque un statut d'exclus à certains éléments de la société puisque la dynamique reste interne au groupe contenant.

Dans un tel système, la différenciation renvoie d'une part à une stratification de la norme et, d'autre part dans chaque strate, à une juxtaposition des individus. Dans chaque sous-groupe, on est alors persuadé de détenir les lois véritables de l'universel.

Ce fonctionnement amène souplesse mais aussi faiblesse du lien d'appartenance. On peut être supporté sans être reconnu, reçu sans être incorporé, comme c'est le cas des CDD par rapport aux CDI, ou pire encore des CES, emplois jeunes et autres statuts précaires dans le domaine du travail au cours de ces dernières années.

L'exclusion devient alors suivant les secteurs de sa mise en place ségrégation, discrimination, désaffiliation, etc... on est à la fois dedans et dehors, sans contenance assurée.

Selon J.F. RAVAUD et H.J. STIKER, l'inclusion est alors un processus social dynamique : « la notion d'inclusion sans doute la plus dynamique laisse la place à un travail d'ajustement, d'acceptabilité, de participation sociale, alors que la notion d'intégration suppose une conformité, un alignement qui sont toujours ressentis comme la domination voir l'oppression du groupe qui définit les normes ou du majoritaire sur le minoritaire » (ibid. p.17).

Cette inclusion doit lutter contre l'abandon, le rejet, l'assistance, la marginalisation qui s'installent de plus en plus dans le fonctionnement social à solidarité organique.

La contenance est ici directement liée à l'inclusion et la contenance tierce pourra introduire une notion d'articulation d'inclusions distinctes dans des sous-groupes différents, mais où la complémentarité permettra de replacer les nouveaux contenants dans le contexte global de la société. Ce sont là de nouveaux rouages, non pas pour retourner aux places assignées aux individus comme dans les solidarités mécaniques, mais pour accéder au fonctionnement de la solidarité organique dans l'ordre des sous-groupes.

C'est alors un changement de niveau qu'il est possible d'envisager sur le plan de la société. Les nouveaux contenants, issus symboliquement des articulations d'inclusions sociétales, sont des groupes d'identité, locale ou culturelle, comme on en voit apparaître aujourd'hui, notamment mais pas seulement, chez les plus jeunes des citoyens.

2) **L'errance dans la société**

C'est là un phénomène nouveau qui fait partie des avatars des solidarités organiques : des personnes sont condamnées à chercher des lieux, ou à fuir des places devenues impossibles pour elles, en tant qu'individu et même en tant que sujet, mais il n'y a plus de contenance sociale complète pour chacun d'entre eux.

L'errance peut se définir comme « incapacité à appartenir ». Selon Gilbert BERLIOZ, « C'est un processus de désaffiliation, de "des-inscription sociale " où dominent surtout la labilité des publics, la fluctuation des statuts et la rapidité avec laquelle ils s'agencent ou se transforment. Une même personne peut avoir un travail, mais dormir en squat, ou avoir un logement mais passer ses journées à l'accueil de jour, résider dans sa famille mais passer la plupart de son temps ailleurs. » (2000, p.153).

L'errance peut aussi être, ou répondre à, un souci d'éviter à tout prix l'assignation. François CHOBEAU évoque alors le « décalage » entre ces jeunes en errance et les prises en charge qui les visent avec ces interrogations : « Comment protéger les mineurs qui ne veulent pas l'être? A quoi sert de décider d'une mesure de placement si dans l'instant suivant le jeune fuit le foyer? A quoi sert une mesure d'accompagnement si ce jeune a rompu les liens matériels avec sa famille, ses parents, depuis plusieurs mois, voire quelques années ? » (99, p. 15).

L'évitement n'est certes pas une réponse satisfaisante, mais c'est un palliatif l'absence d'une possibilité d'articulation des contenances, sans exclusion automatique de l'une d'elles puisqu'on suppose un lieu pour celui qui n'a pas de place. Car c'est bien là que le système achoppe en ne parvenant pas à faire coexister une personne et un sous-groupe dans une même entité de fonction, d'état, de reconnaissance. C'est là qu'apparaît l'exclusion.

3) **La contenance sociale**

Cette notion de coexistence dans un contenant pourrait répondre au besoin d'inclusion dont Jean MAISONNEUVE a souligné le rôle dans le développement social de la personne. Il rappelle avec SCHUTZ qu'on peut distinguer trois besoins relationnels fondamentaux qui permettent de rendre compte de l'ensemble des conduites associatives. Ce sont les besoins d'inclusion, de contrôle et d'affection.

Le besoin d'inclusion est le plus primitif et correspond à un appétit de contact et de communication, mais aussi d'effort pour attirer et retenir l'attention et les soins. Le lien maternel satisfait prioritairement ce besoin dans la toute petite enfance, mais il reste présent à l'âge adulte sous forme de souci d'affiliation, de considération, d'estime ou de reconnaissance. Il est alors satisfait par le maintien à un niveau suffisant d'un intérêt mutuel entre la personne et son entourage.

Le besoin de contrôle est lui assuré par les cadres sociaux, scolaires et professionnels notamment. C'est le respect mutuel qui en maintient un niveau suffisant.

Le besoin d'affection apparaît plus tard selon SCHUTZ et reste lié aux relations dyadiques tandis que les deux autres s'attachent plutôt aux groupes.

Même si l'enchaînement n'est sans doute pas aussi marqué et la distinction pas aussi nette, les trois formes peuvent être considérées comme composantes intriquées dans la notion plus large de contenance, dont on a vu qu'elle implique à la fois inclusion et contrôle. Quant à l'affectivité, elle se joue dans les processus d'interaction, dans le lien et s'intègre dans les phénomènes relationnels.

C'est alors en termes de contenances et d'articulation de celles-ci que peuvent se retrouver les contenances sociétales, c'est à dire celles qui organisent la société et ses échanges. C'est parmi celles-ci que les contenances sociales pourront être repérées comme celles qui ont une visée d'inclusion interne. Comme l'ont souligné RAVAUD et STIKER, les exclusions d'aujourd'hui se jouent dans la société et l'inclusion sociale a alors pour but de ramener, dans les sous-groupes d'inclusion, les individus qui ont été rejetés dans les sous-groupes d'exclusion.

Ce travail doit d'abord prendre en compte la dimension sociale de la souffrance que la désinclusion engendre et ne pas se limiter à un objectif de soin bien qu'il reste souvent nécessaire. Victor GIRARD, en proposant le concept de « souffrance psychique d'origine sociale » (2000), souligne la valeur transdisciplinaire du travail thérapeutique et social que cette forme de souffrance implique. Celle-ci est individuelle mais aussi groupale par l'impact de l'image des « cités » où la prévention doit être re-gardée pour maintenir l'intérêt porté à l'actualité de ce qu'on pourrait appeler les mésinclusions sociétales qui amènent des exclusions sociales.

Ces mésinclusions amènent des formes fantasmatiques de groupements supposés, là où ne s'expriment que de petits sous groupes. Cependant, ces petits groupes peuvent avoir des revendications communes, notamment en ce qui concerne leurs vécus similaires de ces mésinclusions.

La contenance sociétale concerne alors aussi bien une personne qu'un sous-groupe et nous verrons comment l'interculturel peut y être repéré dans les applications proposées pour l'utilisation du modèle de la contenance tierce.

Au-delà, ou plutôt par-delà ces exemples psychanalytiques ou sociaux, une base de contenance plus schématique ou générique peut être supposée. Il s'agirait d'une contenance psychique, humaine, à dimension à la fois individuelle et groupale, qui serait un fondement du lien qui maintient ensemble des individus, des groupes, des éléments.

Il faut alors définir un modèle qui permette de penser ces liaisons puis ensuite leurs articulations.

IV **LA NOTION DE CONTENANCE**

1) **La contenance**

1.1- La nature de la contenance

Si la contenance est une fonction psychique, comme nous l'avons vu, c'est d'abord une **relation**. C'est dire qu'elle associe des éléments, qui forment le contenu, à d'autres mais d'un autre genre, qui forment le contenant.

Cette relation peut être d'ordres différents. Une femme fait partie des êtres humains, c'est une appartenance à un groupe qui est une forme de contenance où le lien contenant-contenu est virtuel. Ses organes sont contenus dans son corps et la contiguïté est ici dans l'ordre de l'actuel, du réel.

La relation de contenance n'est d'ailleurs pas univoque. Un élément peut être contenu par différents contenants et un contenant peut intégrer des contenus distincts.

1.2- La fonction de la contenance

Il s'agit ici de savoir à quoi sert la contenance. On peut repérer deux principaux objectifs.

La contenance a en fait deux **objectifs** fonctionnels distincts : d'une part, le **groupage** d'éléments auparavant séparés, ou au mieux indifférents, d'autre part, le **maintien** de ces éléments, à l'intérieur du contenant, donc aussi leur maintien comme éléments du contenu.

Le groupage est mobilisé lors de l'établissement de la contenance. Il correspond alors par exemple à ce que nous avons évoqué plus haut, dans la contenance sociale, l'inclusion.

Le maintien est plutôt une forme de stabilisation de la relation, pour éviter qu'elle se rompe.

Ces objectifs exigent alors de la contenance certains atouts pour leur réalisation, certaines particularités ou caractéristiques.

1.3- Les caractéristiques de la contenance

Les **caractéristiques** essentielles de la contenance sont liées à des exigences d'efficacité :

La première est probablement la plus connue parce qu'elle est facile à représenter mentalement : c'est la **capacité** de contenance. Elle peut être évaluée en termes physiques, c'est le cas notamment lorsqu'on « mesure » la contenance d'un récipient en l'estimant à partir de l'espace volumique potentiel à remplir. Elle peut être pensée en termes psychiques lorsqu'on évoque une famille contenante ou lorsqu'un individu est réputé capable de se contenir dans une situation difficile pour lui. Cette caractéristique est surtout liée au premier objectif de groupage qui n'est possible que si la capacité le permet.

La seconde caractéristique concerne plutôt le deuxième objectif : c'est la **résistance**. Si un contenant présente certaines capacités, il devra, pour tenir la contenance, résister à la rupture ou au débordement. Là encore, cette résistance peut être pensée en termes physiques, en particulier pour ce qui concerne la résistance de la matière, mais aussi en termes psychiques de résistance au stress, à l'agression, ou de résistance au changement, ou encore de mode de défense contre l'angoisse, etc. A plus long terme et relativement à des traumatismes, on peut évoquer dans ce registre les effets de la résilience.

A partir de ces caractéristiques nécessaires, on pourra alors décrire ce qui fera, par exemple, une bonne ou une mauvaise contenance, sa qualité.

1.4- Les qualités de la contenance

Là encore, les qualités s'attachent singulièrement aux objectifs et aux caractéristiques. On pourrait sans doute en évoquer de nombreuses à partir d'exemples puisqu'on a vu que la contenance ne se révélait que des exemples qui la mettaient en évidence.

La capacité, liée au groupage, implique d'abord une forme d'**attractivité**. Il n'y aura pas d'établissement, ou de création de contenance, quelque soit la capacité possible du contenant, s'il n'y a pas une forme d'attirance du contenant vers des contenus potentiels. Sans gravitation, aucun liquide n'irait se verser dans un récipient, sans attractivité, une contenance resterait potentielle. L'attractivité peut être physique comme lorsque des charges électrostatiques s'attirent ou se repoussent, ou que des atomes se lient dans une molécule. Elle peut être psychique, amenant des individus à se grouper pour une raison précise, consciente ou non. Elle renvoie alors au besoin d'inclusion décrit par J. MAISONNEUVE et à l'attirance de l'attention de l'autre, là où circulent les « atomes crochus ».

Une seconde qualité liée à la capacité est l'**élasticité.** Il n'y a pas de contenant sans contenu et réciproquement. Une contenance élastique adapte le contenant à son contenu, sans rompre la relation de contenance. C'est le cas en particulier de l'enveloppe de peau qui se déforme pour que l'homme se meuve sans se perdre ou se casser. C'est le cas d'un groupe, fermé ou ouvert, qui évolue et dont on cherche parfois à repérer la dynamique, tous les participants restant les mêmes ou pas. Les possibilités de changement de capacité sont directement liés à l'élasticité de la contenance.

Pour ce qui concerne le maintien, on peut parler de la **force** de contenance, ou plutôt de **la force du maintien.** En physique de la matière, les liaisons entre particules peuvent être fortes ou faibles, dans les relations humaines il en est de même. C'est le lien entre contenant et contenu qui devra être fort pour que le maintien de la contenance soit effectivement affirmé, réel et constant. Les attaques contre le cadre dans les groupes mettent ces forces à l'épreuve et impliquent un véritable « travail » de renforcement du maintien.

Plus proche des conceptions évoquées autour de la peau psychique qu'évoque E. BICK, est la notion d'**adhésivité.** Il s'agit là d'une forme particulière de dépendance entre le contenu et le contenant, qui fait « coller » à la fois le contenu au contenant, c'est le cas d'une goutte d'eau dans un verre ou du fœtus dans le ventre de sa mère, et à la fois le contenant au contenu, c'est le cas de la peau pour l'être humain ou de la membrane pour la cellule. On trouve dans les groupes fondés sur des idéaux partagés cette forme de lien. C'est le cas des associations dont les membres sont « adhérents », à ou de, l'association.

C'est cette dernière qualité qui peut assurer la « clôture » de la contenance d'un système comme le posent les psychanalystes à propos de la contenance psychique et les ethno-psychiatres à propos de la culture d'appartenance (voir notamment les écrits de Tobie NATHAN). L'adhésivité ferme en effet aux seuls contenus adhésifs la possibilité d'être dans le contenant et implique pour ce dernier une porosité limitée pour que les éléments adhérant, adhérents, restent en son sein.

Là où la question fait problématique, c'est sur l'articulation de différentes contenances et ce que cela implique de dynamique psychique et de création.

2) Des niveaux de contenance

Parler de contenance physique d'un malade agité dans un service de psychiatrie, de contenance sociale assurée par un groupe institué, de contenance corporelle dans le vécu d'enveloppe dermique d'un individu, de contenance interne dans l'élaboration du soi du nourrisson etc... renvoie à des niveaux distincts de contenance et à des contenants différents comme l'a notamment souligné Bernard GIBELLO.

Sur le plan du développement génétique de la petite enfance, certaines successions ont parfois pu être mises en évidence, montrant qu'un ordre peut être suivi dans l'élaboration de ces différents niveaux de contenance.

Si l'on repère d'abord un ensemble contenant dans la dyade mère-enfant, renvoyant à l'adualisme (BALDWIN, SPITZ), la fusion (WALLON), l'indifférenciation (PIAGET), le symbiotique (MALHER), c'est sans référence à un extérieur repérable. Plus tard, la question de l'objet se pose à partir de la différenciation entre le moi et le non moi (WINNICOTT), le soi et le non soi (LECUYER), la perception d'un objet libidinal total (KLEIN) ou celle d'un objet perceptuel permanent (PIAGET). Les contenants et les contenus se délimitent, se spécifient et se précisent progressivement au cours de la vie.

Pour P. MOUNOUD, cité par Roger LECUYER, contenants et contenus n'ont pas la même genèse puisqu'il affirme : « les structures sont innées et ce sont les contenus, les organisations internes qui sont acquises » (89, p. 255). Sans s'engager sur cette voie univoque, car certains contenants n'apparaissent que délimités par un contenu, on peut noter que la place des contenants est essentielle à l'élaboration de la personnalité des nouveau-nés.

Que ce soit pour un individu ou un groupe structuré, des niveaux différents de contenance apparaissent. On peut les définir en termes verticaux de hiérarchie dans l'organigramme d'une entreprise par exemple, horizontaux d'emboîtement avec les poupées russes, ou encore génériques de nature quand D. ANZIEU distingue les fonctions du conteneur, du contenant et du contenir évoquées plus haut.

Ce qui nous intéresse, c'est l'articulation des niveaux différents et, au-delà, la confrontation de contenances, de leurs caractéristiques et de leurs qualités.

Comment, en fait, des relations de contenance distinctes peuvent-elles s'associer ? C'est la première question qui se pose lorsque l'on cherche à distinguer les niveaux de contenance et les articulations entre eux. C'est donc d'abord en termes de composition des contenances distinctes qu'il faut s'interroger.

3) **La composition de contenance et le modèle de CANTOR**

Depuis très longtemps, les questions d'articulation se sont posées aux hommes. La logique a tenté d'en repérer les rouages par la pensée et le raisonnement.

ARISTOTE, au IVème siècle avant J. C., en donne une première idée avec le syllogisme qui est un raisonnement à trois propositions dans un enchaînement articulant celles-ci. Elles sont considérées comme de véritables contenants langagiers qui structurent la pensée. La « conclusion » est alors la proposition qui est déduite de la « majeure » par l'intermédiaire de la « mineure ».

Majeure → mineure → conclusion

À partir de là, on développera différentes approches dites logiques, où apparaîtront notamment l'intersection et la réunion. En logique, « l'intersection » est le « produit » de deux relations logiques, c'est-à-dire la « jonction » entre deux relations faite par l'opérateur « et », tandis que la « réunion » est une « disjonction » c'est-à-dire le rassemblement de deux propositions par « ou ».

Plus tard, LEIBNIZ cherchera à établir un « alphabet des pensées humaines », dans la même articulation unificatrice et articulatoire qu'ARISTOTE. La monade sera le support de cette unité, mais il a ainsi ouvert un nouveau champ de pensée philosophique qui va permettre de poser un nouveau regard sur la logique, plus général.

C'est George BOOLE qui en établira les bases avec ce qu'il appelle « l'algèbre de la logique » et les trois articulations principales qui sont :

la réunion qui exprime la disjonction
l'intersection qui exprime la conjonction
la complémentation qui exprime la négation.

Georg CANTOR développera cette idée en mathématiques sous le vocable de « théorie des ensembles » qu'il élabore au XIXème siècle avec DEDEKIND. Il reste, pour autant, dans la dynamique de la découverte de la pensée qu'avait exprimée LEIBNIZ puisqu'il donne cette définition : « Par ensemble, on entend un groupement d'objets bien distincts de notre intuition ou de notre pensée ».

Les premières articulations traitent du rapport entre éléments et ensembles, en termes distincts suivant qu'il s'agit d'éléments ou d'ensembles. Il les différencie en terme :

- d'appartenance à un ensemble pour les éléments puisque « un ensemble est défini par ses éléments »,

- de contenance (ou d'inclusion) dans un ensemble pour un sous-ensemble, une « partie » d'ensemble étant alors définie sous condition d'une propriété par rapport à cet ensemble.

Les articulations se précisent alors avec :
- L'intersection : $A \cap B$
- La réunion : $A \cup B$
- La différence : $A - B$
- La différence symétrique : $A \mathrel{D} B = (A - B) \cup (B - A)$
- Le complémentaire, qui correspond à une particularité de la différence, avec : $C_A (A \cap B) = A - B$

On parle alors de « loi de composition interne » pour caractériser l'organisation des liens qui existent entre différents éléments dans un ensemble et les articulations entre les relations établies.

Cela renvoie aux modes de composition possible des relations de contenance et ce modèle mathématique sera ici très éclairant parce que d'un niveau d'abstraction élevé et d'une élaboration suffisante pour permettre une analogie constructive dans le domaine psychique.

Dans la théorie des ensembles, la contenance se définit de deux façons différentes selon qu'elle s'applique aux éléments ou aux ensembles et sous-ensembles.

Dans le premier cas, il s'agit d'**appartenance** : un élément a « appartient » à l'ensemble A s'il présente les caractéristiques des éléments de cet ensemble.

Dans le deuxième cas, il s'agit d'**inclusion** : un sous-ensemble B « est inclus » dans l'ensemble A si tous les éléments de B sont aussi éléments de A. On dit alors que B est inclus dans A ou que A contient B.

3.1- La composition des appartenances

L'appartenance est toujours une identification, qu'elle soit élémentaire, partitive ou schématique. Elle identifie un élément dans une catégorie que l'ensemble auquel elle fait référence traduit précisément en termes de contenance.

Deux types de composition d'appartenance peuvent être distingués : simultanée et successive. Pour chacun d'entre eux, nous donnerons un éclairage clinique pour faciliter la compréhension des situations de contenance psychique.

a) appartenance simultanée

En mathématiques, un élément singulier appartient à deux ensembles distincts lorsque : a appartient à A1 ($a \in A1$) et à A2 ($a \in A2$) avec $A1 \neq A2$. Cela définit alors un ensemble qui est l'intersection de A1 et A2, qui regroupe tous les éléments qui appartiennent à A1 et à A2.

Dans le domaine psychique, dans une famille par exemple, un garçon appartient simultanément au groupe des hommes (les mâles) et au groupe des enfants (les petits).

La confrontation d'un individu à des appartenances différentes peut amener quelques difficultés psychiques. C'est le cas d'Andy que je rencontre en consultation privée. Il a 9 ans quand il vient avec sa mère qui dit ne pas le comprendre : il ne parle pas beaucoup, mais il est « insupportable ».

Très vite, il apparaît qu'il est différent selon les lieux où il est.
Andy, lorsqu'il est élément de sa famille, est un enfant qui appartient à cette famille, avec ses parents. Chez eux, il est agité, provocateur, bouge sans cesse.
Lorsqu'il est à l'école, il appartient à son groupe classe. Il est très calme et même timide. Toujours sage, appliqué, poli, il est cité en exemple.
Le jour d'un voyage scolaire, je conseille à sa mère d'accompagner le déplacement avec les instituteurs et d'autres parents volontaires pour encadrer ce périple. La mère « ne reconnaît pas » son enfant, qui garde le comportement qui est le sien dans le groupe classe.

Il ne s'agit pas d'une pathologie du doublement de la personnalité, mais d'une place adaptative différente que le garçon a élaborée dans des cadres distincts.

L'expérience du voyage scolaire a permis à la mère de voir autrement son fils mais a surtout placé Andy, dans ce groupe ponctuel, devant la nécessité de choisir une contenance, au sens du maintien, qui corresponde plutôt à l'une ou plutôt à l'autre de ses attitudes dans les deux groupes. Il aurait pu en choisir une nouvelle. Après, il a souvent été question de ce jour à la maison.

Andy avait simplement du mal à assumer l'intersection de ces deux appartenances, distinctes pour lui, et sa mère ne pouvait plus parfois le comprendre ou même le reconnaître.

b) appartenance successive d'un même élément

Si un ensemble A est inclus dans un autre ensemble B alors tous les éléments de A appartiennent à B ($a \in A$ et $A \subset B \Rightarrow a \in B$).

Cela renvoie autant à la hiérarchie qu'à l'emboîtement mais traduit le lien entre appartenance et inclusion. La succession peut alors être temporelle, hiérarchique, spatiale, ... elle est ordonnée.

Un habitant de PARIS se trouve être aussi un Francilien et un résident français.

Marie est la fille unique d'un couple resté uni pendant 8 ans. Lors du divorce, elle a 7 ans et elle reste seule avec sa mère. Deux ans plus tard, la mère se remarie avec un homme qui a lui-même deux enfants : un garçon et une fille. Marie devient opposante, agressive même, aussi bien à la maison qu'à l'école. Tout le monde s'inquiète de ce revirement chez une petite fille auparavant calme et posée. Il est même question de placement dans une institution.

Les entretiens font alors apparaître que la mère de Marie lui répète sans cesse qu'elle a tout pour être heureuse dans **sa** famille, ce qui réactive l'ambiguïté que vit la jeune fille : être fille de sa mère, et le rester comme elle le souhaite, c'est vivre avec elle, mais le remariage l'a mise dans une famille reconstituée, recomposée, qu'elle n'admet pas. L'appartenance au groupe « fille de sa mère » l'amène, par contenance successive issue du remariage, à appartenir à « sa famille » comme le répète sa mère.

C'est alors à éclaircir sa place propre dans **la** famille reconstituée que Marie a pu se situer davantage et, bien que toujours revendicatrice, elle a pu reprendre des relations normales avec son entourage.

c) appartenances successives articulées :

Considérons un élément a qui appartient à un ensemble A. S'il est élément de l'ensemble E, qu'il appartient à E, il y a deux appartenances distinctes. Si c'est vrai quelque soit a, alors on peut dire que A est inclus dans E, que E contient A ($A \subset E$). Cela s'écrit en mathématiques { si $\forall a \in A$, $a \in E$, alors $A \subset E$ }.

Ce qui est ici remarquable, c'est que lorsque deux appartenances s'articulent, on obtient une contenance.

C'est Hamid qui l'a bien présentée lui-même dans un cadre clinique. Adolescent, je le vois dans une mesure d'Investigation d'Orientation Educative. Il a commis quelques larcins et la question est de savoir s'il est possible de l'aider, pour enrayer l'installation de son positionnement antisocial, ce que l'on peut faire sur un plan éducatif à partir de la compréhension que l'on peut avoir de son comportement.

Pour expliquer ses différents actes, Hamid nous dit qu'il n'est pas français et, bien qu'il soit arrivé assez jeune en France en provenance de Tunisie, il revendique son appartenance à la communauté tunisienne locale, assez active au niveau de la génération de ses parents. Si cette communauté est bien incluse dans la communauté française, lui ne se sent pas appartenir à cette dernière comme élément ou comme membre, comme individu, et donc comme citoyen. S'il admet l'inclusion de son groupe contenant dans le grand groupe des français, il n'y admet pas son appartenance propre. C'est ce qu'a bien montré l'étude de Geneviève VINSONNEAU sur les appartenances culturelles évoquée plus haut.

3.2- La composition des inclusions

C'est là le point central de l'approche de la contenance psychique, qui mérite un premier regard théorique. L'algèbre nous a appris à considérer les relations dans un ensemble et leurs lois de composition. Or, la notion de contenance, et celle d'inclusion notamment, caractérise une relation qui lie entre eux des ensembles et est une *relation d'ordre*. C'est dire qu'elle est réflexive, transitive et antisymétrique.

- *réflexive*, puisque de fait, tout ensemble A se contient lui même ($A \subset A$).
Sur le plan psychique, tout individu se contient lui même : je est un moi qui s'exprime.
Un groupe se contient en tant qu'il est un agrégat de membres et tous les hommes sont bien contenus dans l'ensemble des hommes.
Le langage utilise pour exprimer cela une figure de rhétorique des plus classiques : la métonymie. Le contenant est cité pour évoquer le contenu, le contenant se contient bien alors lui-même. C'est le cas du verre que l'on boit, d'ailleurs pas toujours dans un verre.
Les pensées contiennent les pensées qui ont besoin d'être pensées pour être des pensées (on peut renvoyer là aux contenants de pensées de GIBELLO ou ANZIEU, ou à l'appareil pour penser les pensées de BION).

- *transitive*, car si un ensemble A est contenu dans un ensemble E et qu'un autre ensemble B est contenu dans l'ensemble A, alors B est aussi inclus, ou contenu, dans E ($B \subset A$ et $A \subset E$ alors $B \subset E$).
La transitivité est plus aisée à saisir. Toute partie de soi-même, physique ou psychique, est contenue dans le soi

physique ou le soi psychique, eux-mêmes contenus dans le moi du sujet.

Dans un groupe, tout membre d'un sous groupe est contenu par le grand groupe qui contient le sous groupe.

Le langage souligne que tel mot présent dans une phrase fait partie du paragraphe où cette phrase est comprise.

D. ANZIEU, dans les contenances emboîtées, décrit les pensées de l'écrivain qui se développent dans le texte, contenu dans l'œuvre, contenue dans le contexte.

- *antisymétrique*, parce que si A est contenu dans B et que, en même temps, B est contenu dans A, alors A est égal à B ($A \subset B$ et $B \subset A$ alors $A = B$).

L'individu, qui s'appartient à lui-même, est cette entité double, ou plutôt fendue, qui fait que le moi contient le je qui s'exprime pour lui et que, dans le même temps, le je contient le moi qui y est exprimé.

Dans un groupe, il en va de même : lorsque les filles sont des femmes et que les femmes sont aussi des filles, c'est que toutes les femmes sont filles de leur mère.

Le langage donne comme exemple le mot-phrase que les enfants utilisent au début du développement de leur parole. C'est un mot qui contient tout une phrase, et une phrase qui ne contient qu'un mot.

Or, cette relation d'ordre n'est pas une application au sens algébrique du terme, parce que si A est inclus dans E et que A est aussi inclus dans F, alors E n'est pas nécessairement égal à F ($A \subset E$ et $A \subset F$ alors $E \neq F$). Les compositions que les mathématiciens nous ont appris à connaître sont des compositions d'applications (ex : g o f) et ne sont pas directement utilisables ici.

La relation d'inclusion est intéressante parce qu'elle n'est pas symétrique (si $A \subset B$ on n'a pas $B \subset A$). Cette caractéristique introduit notamment une notion plus générale encore que la différence, qui est celle de *complémentarité*, toujours dans la théorie des ensembles.

En effet, si $A \subset E$ c'est que tous les éléments de A sont aussi éléments de E, mais l'existence même de A, et de la contenance de A dans E, définit implicitement un autre ensemble qui est l'ensemble des éléments de E qui ne sont pas éléments de A et que l'on appelle le complémentaire de l'ensemble A dans l'ensemble E [$C_E(A)$] (que l'on peut noter « E privé de A » ou E\A). C'est le principe de la négation d'appartenance.

Ainsi, à ne définir que deux ensembles A et E, on en définit obligatoirement un troisième : $C_E(A)$.

V L'ARTICULATION DES CONTENANCES

Nous avons souligné le fait que la relation d'ordre qu'est la contenance n'est pas une application et que la composition de contenance ne pouvait prendre pour modèle celle des applications. Il faut donc en faire une approche particulière, qui souligne la valeur du modèle dans le domaine psychique et montre les formes variées que les articulations peuvent prendre dans les situations psychologiques diverses que la vie met en place, tant pour un individu que pour un groupe.

Nous nous limiterons à trois éléments pour la démonstration qui concerne la contenance tierce mais il est clair que ces articulations sont très souvent plus complexes encore dans les situations réelles, ce qui amène certaines de ces situations à devenir impossibles à décrypter lorsque la complexité est trop grande. C'est le cas d'imbroglios familiaux sur plusieurs générations qui sont articulés par des secrets ou des non-dits et deviennent producteurs d'angoisses ou de symptômes.

1) La contenance simple

La composition d'ensembles la plus simple est l'inclusion ($A \subset E$), c'est une appartenance composée, nous l'appellerons la **contenance simple**. On peut la représenter graphiquement par des courbes fermées incluse.

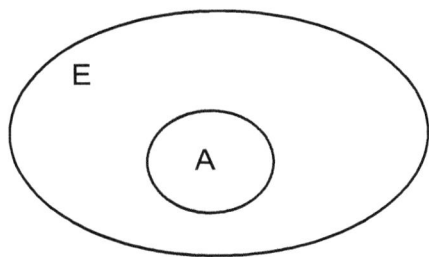

Cette contenance simple au niveau des ensembles correspond à une double appartenance au niveau des éléments puisque l'on a pour un élément a de A : a ∈ A mais aussi et simultanément a ∈ E.

Notons simplement ici qu'il s'agit des effets positifs de l'existence des ensembles A et E et que les définitions s'appuient sur ces effets positifs directs.

Mais comme nous l'avons remarqué, l'existence même de A dans E crée, par *effet de négatif*, l'existence implicite d'un ensemble, qu'on pourrait appeler « non A » dans E et qui est le complémentaire de A dans E. Cet ensemble est également inclus dans E, créant ainsi une contenance simple secondaire ($C_E(A) \subset E$).

A cela correspond bien sûr une autre double appartenance elle-même secondaire, et à (a ∈ A et a ∈ E) s'ajoute (a' ∈ $C_E(A)$ et a' ∈ E).

Ces effets sont à rapprocher de la conception du négatif proposée en psychologie par R. KAES et plus précisément de la notion de négatif relatif qui correspond, dans les groupes, à la partie des phénomènes groupaux qui échappent au travail de la pensée par opposition à ceux qui le sont.

On peut noter ici qu'une première dimension symbolique, liée à la contenance, apparaît à ce niveau. En effet, pour les éléments de E qui n'appartiennent pas à A, il y a absence d'appartenance à A. L'appartenance est dans une logique binaire : un élément appartient à A (il y a présence ou effectivité de l'appartenance), ou bien il n'appartient pas à A (il y a absence ou ineffectivité de l'appartenance).

Cet effet de présence/absence est repérable et représentable grâce à la notion de contenance (de A dans E) qui permet d'évoquer à la fois la présence de l'appartenance à E et l'absence d'appartenance à A dans l'ensemble complémentaire

$C_E(A)$ des éléments de E qui n'appartiennent pas à A. La représentation de l'absence agit ici, dans le cadre psychique, au niveau de la « virtualité du leurre » évoquée par André GREEN et, au-delà, renvoie à son opérativité et son efficacité.

La dimension symbolique ici relevée concerne l'appartenance et est rendue possible par celle de contenance. Ainsi, la problématique de l'appartenance, si proche de celle de l'identification, est-elle représentable grâce à celle de la contenance et c'est le concept de complémentaire qui signe cette représentativité symbolique.

2) <u>La contenance plurielle</u>

Considérons maintenant 3 ensembles A, B, E où E contient A et B. Il existe 3 possibilités d'articulation :

- B est inclus dans A. Cela peut se représenter ainsi :

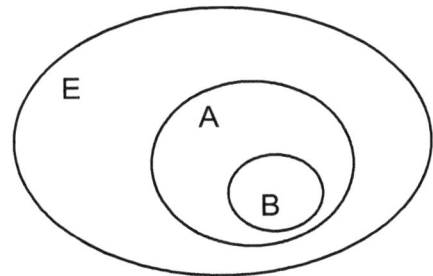

- A et B sont disjoints, ce qui se représente par :

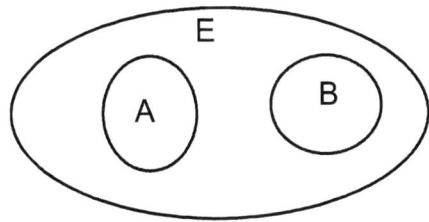

- A et B ont une partie commune, ce qui se représente comme suit :

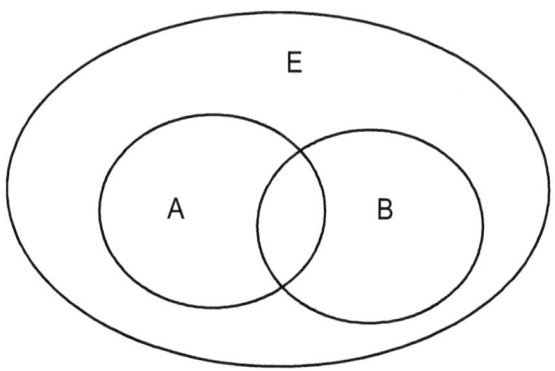

Dans ces trois cas, nous pourrons envisager deux types d'association entre A et B: la *réunion* des ensembles, appelée aussi union de A et B, notée A∪B; et l'*intersection* de ces ensembles, notée A∩B. Cela correspond pour le premier type à la sommation des éléments des ensembles, notée A ou B (AvB), les éléments appartenant soit à A soit à B; dans le second type, c'est l'appartenance simultanée aux deux ensembles qui est soulignée : les éléments appartiennent à A et B (A∧B).

- Le premier cas correspond à la transitivité de l'inclusion des ensembles (B⊂A et A⊂E ⇒ B⊂E). Cela peut se noter comme une série d'emboîtements : B⊂A⊂E. On dira alors qu'il y a une **contenance double** puisque deux contenances simples sont articulées.

Au niveau des éléments, on peut parler de *triple appartenance* puisque tout élément b de B est aussi élément de A et de E. Ainsi, l'union de A et B est A (A∪B=A), et l'intersection de A et B est B (A∩B=B). Aucun nouveau contenant n'est créé.

Les effets de négatif sont ici plus conséquents puisque l'existence de A et B crée celle des complémentaires dans E [C$_E$(A) ; C$_E$(B)] mais aussi dans A [C$_A$(B)]. Ainsi, deux contenances doubles secondaires naissent de ces effets

[$C_E(A) \subset C_E(B) \subset E$] et [$C_A(B) \subset A \subset E$]. Au niveau des appartenances, il y a deux triples appartenances secondaires à partir des éléments b_a de l'ensemble $C_A(B)$: [$b_a \in C_A(B)$, A, E] ; [$b_e \in C_E(B)$, E, A, ou $C_E(A)$] et une double appartenance secondaire [$a_e \in C_E(A)$, E].

- Le second cas correspond à ce qu'on pourrait appeler une double contenance simple ou **contenance simultanée**. En effet, $A \subset E$ et $B \subset E$ sont deux contenances simples mais aucun élément n'est contenu trois fois.

Il y a une double appartenance double [$a \in A$ et $a \in E$] et [$b \in B$ et $b \in E$].

Les effets de négatif créent ici seulement les complémentaires dans E: $C_E(A)$ et $C_E(B)$.

Mais il existe aussi un effet de *coexistence disjointe* entre A et B qui s'exprime par leur union ($A \cup B$). L'effet de négatif s'y produit également, créant son complémentaire dans E : [$C_E(A \cup B)$].

De là, naissent 4 contenances doubles secondaires [$A \subset (A \cup B) \subset E$; $B \subset (A \cup B) \subset E$; $A \subset C_E(B) \subset E$; $B \subset C_E(A) \subset E$].

Si l'union des ensembles ($A \cup B$) correspond à la stricte sommation des éléments de A et des éléments de B, l'intersection ($A \cap B$) n'a aucune existence en termes d'éléments contenus par l'ensemble. C'est l'ensemble vide.

Au niveau des éléments, les triples appartenances subséquentes sont également nombreuses.

- Le troisième cas est plus complexe et correspond à ce qu'on pourrait appeler la **contenance tierce,** pour la distinguer de la contenance triple, et sur laquelle nous allons nous attarder.

La contenance triple est en fait l'enchaînement de 3 inclusions successives ($C \subset B \subset A \subset E$), qui peut se représenter par ceci :

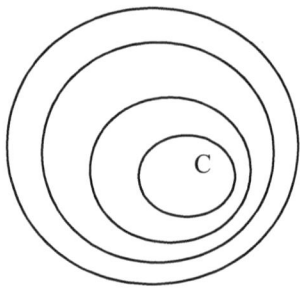

Au niveau des éléments, il y a une quadruple appartenance puisque tout élément de C appartient aussi à B, à A et à E.

Nous ne développerons pas ici les effets de négatif associés à cette situation déjà complexe, ni d'ailleurs les articulations, plus nombreuses encore, même si la vie psychique, par sa complexité, met en jeu ce genre de structuration.

3) **La contenance tierce**

C'est probablement la forme la plus fréquente d'articulation de contenance à 2 ensembles de E et la plus complexe.

Elle peut se représenter ainsi :

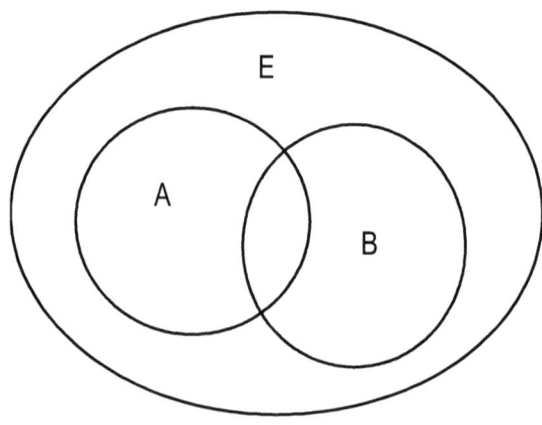

Cette configuration assez simple nous amène à considérer les 3 ensembles A, B, E, mais aussi (A∩B) et (A∪B), qui sont deux nouvelles formes contenantes.

Il s'agit ici de souligner l'articulation symbolique qui est mise en place par l'union (A∪B) et l'intersection (A∩B) entre A et B. Chacune d'entre elles souligne la différence entre A et B et, en même temps, le lien qui les unit.

3.1- L'intersection

Si l'on considère un élément e de A∩B, il peut être considéré comme appartenant à A, et l'on oublie alors qu'il est élément de B, et inversement. Cette superposition de contenance amène soit un conflit d'appartenance (à A ou à B), soit une absence de considération d'appartenance, à B si l'on pense à l'appartenance à A, et inversement. Cela renvoie à la problématique du double dans cette double appartenance, où l'une peut se substituer à l'autre.

Le passage de « e∈A et en même temps e∈B » à « e∈A∩B » répond à une association par contact des appartenances distinctes, grâce à la superposition des contenances, qui sont ainsi différentes (e∈A; e∈B) mais aussi reliées (e∈A∩B).

En résumé, A ne contient pas B, ni B ne contient A, A est différent de B, mais (A∩B) est contenu dans A et contenu aussi dans B. Une contenance symbolise l'absence d'une autre et en est le signe, elle est rendue effective par l'ensemble A∩B.

3.2- La réunion

Si l'on considère maintenant un élément e' de A∪B, le même oubli d'appartenance peut-être mis en jeu. Le conflit se joue alors dans une possible rivalité d'appartenances : e' peut appartenir à A mais pas à B, ou bien l'inverse. La problématique de cette rivalité est celle du choix, identificatoire, d'appartenance, consécutif à un conflit de contenances.

Alors, le passage de « e'∈A ou bien e'∈B » à « e'∈A∪B » répond à une association par sommation des contenances de A et B, par leur sublimation qui les fait se trouver assemblées dans celle de A∪B. L'appartenance à A et celle à B restent distinctes, mais elles sont reliées.

A ne contient pas B, ni B ne contient A, A est différent de B, mais A est contenu dans A∪B et B aussi. Une contenance symbolise l'absence d'une autre et en est le signe, elle est rendue effective par l'ensemble A∪B.

Ainsi, la confrontation entre réunion et intersection articule substitution et sublimation pour atteindre un niveau complexe de symbolisation, celle évoquée notamment par Guy ROSOLATO quand il parle de l'accession à une « possibilité de sommation » de métaphore et de métonymie. Dans la contenance tierce, celle-ci peut se représenter et se penser puisqu'une nouvelle contenance unit les nouveaux ensembles : l'intersection est contenue dans la réunion [(A∩B)⊂(A∪B)].

En plus de ces ouvertures sur de nouveaux contenants, il faut envisager les effets de négatif qui amènent ici à considérer 10 complémentaires dans E, A, B et A∪B.

Cela représente en totalité 15 ensembles distincts :
-les ensembles de base : E , A , B ,
-Les complémentaires dans E : $C_E(A)$, $C_E(B)$, $C_E(A∩B)$, $C_E(A∪B)$
-Les complémentaires dans A et B : $C_A(A∩B)$, $C_B(A∩B)$,
-Les complémentaires dans A∪B : $C_{A∪B}(A∩B)$,
-puis les complémentaires dans E de ces complémentaires : $C_E[C_B(A∩B)]$, $C_E[C_A(A∩B)]$, $C_E[C_{A∪B}(A∩B)]$.

La contenance simple s'applique de nombreuses fois.

La contenance double s'applique à A∩B vis à vis de E, de trois manières différentes (en passant par A, B et A∪B).

La contenance simultanée s'applique à A∩B dans A, B et E et à ses complémentaires dans A et B : $C_A(A \cap B)$ et $C_B(A \cap B)$, respectivement dans A et E puis B et E.

Tous les niveaux de contenance antérieurs sont donc activés dans la contenance tierce.

Nous dirons alors que l'ensemble E est un **tiers-contenant** pour les ensembles A et B.

La composition pourrait être développée au-delà, mais la complexité serait rapidement très grande, nous nous limiterons donc à cette configuration de deux ensembles non égaux et non disjoints dans l'ensemble E pour éclairer notre propos.

3.3- Le tiers-contenant

L'articulation de l'intersection et de la réunion, l'activation des contenances et des appartenances doivent être référées à un même contenant global pour que chaque appartenance et chaque contenance soit élaborée dans un champ de cohérence de base, ici défini par l'ensemble E qui contient tous les autres.

Le tiers renvoie à la référence ultime, qui concerne chaque ensemble considéré, et le tiers-contenant définit le mode et le lieu, pour chaque élément dans toute la structure, d'être à la même enseigne, contenu et appartenant à E.
Chaque appartenance singulière intègre chaque élément à un tout unique. La contenance qui est associé à E dé-partage les sous-ensembles en les ramenant à l'inclusion dans un seul et même ensemble.

Le tiers-contenant est alors un cadre défini pour repérer les articulations des contenances confrontées les unes aux autres. Sur le plan psychique, ce cadre prendra une importance capitale pour définir les actions et les pensées, puis les repérer dans une organisation. Il sera surtout ce qui permet de donner du sens aux objets et aux événements grâce au cadrage qu'amène la contenance et à la structure de sens qui y est liée.

Cette dimension psychique introduit la problématique de l'articulation de contenances dans une dynamique de développement et d'évolution. Elle amène à poser une question charnière avant d'élaborer celle de la contenance tierce psychique elle-même : celle de ce que nous appellerons le « retournement de contenance » et qui renvoie, d'un certain point de vue, à une annulation du processus dynamique. Les mathématiques n'apportent pas ici de réponse puisque la théorie des ensembles n'aborde pas l'évolution temporelle des notions d'appartenance ou d'inclusion. C'est là une des limites du modèle.

C'est alors la dés-articulation des contenances qu'il faut envisager.

4) **La désarticulation des contenances**

S'il est essentiel de repérer les modes d'établissement et de stabilisation des contenances et de leurs articulations, il est également nécessaire de poser la question de leur déstructuration. C'est d'autant plus important pour en étudier la place possible dans le champs de la pathologie mentale ou des dysfonctionnements psychiques, qu'ils soient individuels ou groupaux.

Une contenance se désarticule lorsqu'elle sort du contexte qui lui était lié et perd alors son sens.

Une articulation de contenances se détruit lorsque les fonctions respectives des contenances confrontées se transforment sans qu'une adaptation des modes d'articulation soit mise en place. L'articulation perd alors sa fonction de combinaison de sens complémentaires ou bien se dénature.

Au niveau de la déconstruction d'une contenance, on peut poser deux perspectives distinctes : l'une de déstabilisation, avec des déplacements ou le développement de symptômes, l'autre de régression, avec des retours en arrière.

4.1– La décontenance

C'est un terme emprunté à Bernard GIBELLO qui l'a évoqué à propos des contenants de pensées.

Pour lui, 4 types de dysfonctionnements des contenants de pensées peuvent être différenciés :
- les « troubles liés à des traumatismes ou des contraintes excédant les capacités des contenants de pensées ».
- les dysfonctionnements « spécifiques » des différents types de contenants de pensées.
- les anomalies de la genèse dans l'évolution des contenants de pensées.
- les conséquences des conflits entre contenants différents.

La décontenance, c'est littéralement la conséquence de la déliaison entre le contenant et le contenu.

On a vu que la contenance est une relation d'ordre. Les trois caractéristiques de ce type de relation peuvent être touchées par la décontenance, par la déliaison.

La **réflexivité** de contenance, qui souligne qu'un contenant se contient lui-même, peut être mise à mal lorsque le contenant perd ses possibilités de contenance. Cela touche alors ses caractéristiques (capacité, résistance) ou ses qualités (attractivité, élasticité, adhésivité, force du maintien) qui peuvent être affaiblies ou annulées.

Lorsque la relation est rompue, le contenant se dissocie de lui-même comme contenu. Il ne se contient plus.

Sur le plan psychique, la personne ne peut plus se contenir elle-même. Cela peut être lié à une simple baisse de la force du maintien, dans certaines situations où la personne se trouve « décontenancée » momentanément. Cela peut correspondre à une perte de sens plus durable comme dans ce que B. GIBELLO a appelé « la décontenance de la pensée », où l'attribution d'un sens ne se fait plus correctement. Cela peut enfin toucher la nature de la relation à soi-même, comme dans une structuration psychotique de la personnalité où le « je » et le « moi » sont dissociés, où l'image de soi n'est pas reconnue ou est morcelée.

Dans un groupe, le phénomène est à la fois plus complexe et plus ordinaire. Là aussi, la seule baisse des qualités de contenance amène des pertes de membres, des désadhésions ou désaffiliations, une « hémorragie » parfois lorsque l'attractivité est devenue trop faible. Cela peut provoquer une perte de sens, plus fondamentale pour le groupe quand il n'identifie plus les raisons pour lesquelles il est précisément groupé, on pourrait qualifier ce type de phénomène de pathologie du groupement. Lorsque la relation du groupe à lui-même se rompt tout à fait, il éclate, se saborde ou se délite. Il ne peut plus se réunir. Une association prononce sa dissolution, une société dépose son bilan, un club cesse ses activités, etc …
Cette rupture là est souvent moins dramatique que celle qui concerne un individu. Elle donne lieu à des scissions qui ne sont pas toutes folles ou déstructurantes.

Les contenants de pensées peuvent également perdre contenance par rapport à eux-mêmes, quand la pensée n'est plus pensable. On peut évoquer ici ce que W.R. BION a appelé « l'appareil à penser les pensées » qui peut, dans la psychose, être touché en profondeur.

La **transitivité** de la contenance peut être évoquée à propos de ce que D. ANZIEU a appelé les contenances emboîtées, avec son exemple littéraire : le contexte contient l'œuvre qui contient le texte (94).

Pour un individu, sur le plan physique, il existe une continuité tangible des parties. Ainsi, une alvéole incluse dans un poumon est incluse elle aussi dans l'enveloppe dermale, tant qu'elle est contenue par les poumons, elle est nécessairement contenue dans le derme. Même si les orifices créent des discontinuités momentanées de contenance, la transitivité reste effective.

Sur le plan psychique, il en va habituellement de même sauf dans certains vécus psychotiques ou de dépersonnalisation. Une partie interne peut alors être projetée fantasmatiquement à l'extérieur tout en restant à l'intérieur de la personne comme dans l'identification projective. Une patiente évoquait, par exemple, des voix qui étaient en elle, sans être dans son corps. Elles étaient dehors et pourtant elle les entendait dedans.

Dans un groupe, un membre qui appartient à un sous-groupe du grand groupe est également membre du grand groupe. Cela reste en permanence valable lorsque l'appartenance et la contenance sont codifiées et organisées par des textes officialisés. Dans les groupes non organisés, une personne peut s'intégrer à un sous-groupe et fuir le grand groupe sans que leurs existences soient remises en cause immédiatement. La contenance du grand groupe en sera pour autant affaiblie.

Dans le langage, les mots des phrases sont aussi dans l'énoncé ou le paragraphe. Si on les maintient dans l'énoncé en les sortant de la phrase, le sens est transformé ou disparaît.

L'aspect **antisymétrique** de la contenance peut également être touché, mais est alors perçu de manière plus indirecte car ce qui apparaît c'est la remise en cause de l'identité.

Ainsi, le sujet qui se contient est, dans une forme pronominale, bien le même que celui qui est contenu. S'il n'est plus lui-même, à la fois celui qui contient et celui qui est contenu, il n'y a plus de contenance pour lui. C'est le cas dans les doubles personnalités, les personnalités clivées ou les dépersonnalisations psychotiques. La contenance propre est alors mise à mal et c'est l'identité psychique propre qui est remise en cause.

Il en va de même pour un groupe, mais avec des conséquences différentes. Un groupe n'a d'existence continue que virtuelle. Ainsi, les mineurs délinquants sont un groupe de mineurs tous délinquants ; les délinquants mineurs sont un groupe de délinquants tous mineurs. La contenance veut que les deux soient identiques dans leur contenu. Mais si une priorité d'appartenance devait être mise en évidence, plutôt délinquants ou plutôt mineurs, une différence serait introduite dans ce qui organise leur contenance, en particulier les règles éducatives qui peuvent leur être imposées.

Dans le langage, lorsque le mot contient la phrase et que la phrase contient le mot, on revient à l'exemple du mot-phrase qu'utilisent les enfants, mais seulement à un moment limité dans le développement du langage.

4.2- La décomposition des contenances

Elle correspond à ce que B. GIBELLO appelle les conséquences des conflits de contenance pour les contenants de pensées.

Cela peut être relatif aux capacités de contenance elles-mêmes, et l'on revient alors à une forme de décontenance.

Lorsque la déstructuration renvoie à la genèse de la contenance, à sa construction dans une dynamique temporelle, à son évolution et son développement, nous l'appellerons un retournement de contenance, ce qui sera développé plus loin.

Les contenances ne se composent plus lorsqu'elles sont sorties d'un contexte où elles pouvaient être mises en commun, en confrontation, en conflit. Nous verrons en quoi la contenance tierce amène des formalisations qui permettent de repérer ces contextes et donc de favoriser la composition elle-même mais aussi ce qui peut éviter les blocages de composition ou même leur déstructuration.

Les contenances se décomposent lorsque les liaisons entre elles se brisent ou se délitent.

Cela peut être dans le cadre d'une autonomisation des contenants, qui acquièrent alors une sorte d'indépendance, relative pour l'un et l'autre.

Cela peut être lié à une perte, celle d'une qualité de contenance pour l'un des contenants ou plusieurs d'entre ceux qui étaient en composition, d'un lien entre les contenants qui permettait leur mise en rapport, ou d'un sens qui renvoie à la nature du contenant considéré.

C'est alors le plus souvent un retournement de contenance qui s'opère.

4.3- Le retournement de contenance

La question de l'articulation, si elle doit être posée en terme de développement de contenance que l'on pourrait qualifier de positif, doit aussi être abordée dans une perspective de négatif en termes de régression, de retour en arrière, de retournement.

La contenance peut-elle alors faire retour sur elle-même? c'est là une question essentielle si l'on évoque la contenance tierce, pour comprendre sa place logique dans le système psychique, dans le développement même de la contenance.

Le retour de contenance n'est-il pas plutôt un renvoi à une nouvelle contenance, une autre contenance?

Pour reprendre la préoccupation de D.W. WINNICOTT, la mère est bien contenante pour son foetus, physiquement, elle reste contenante psychiquement quelques mois pour son bébé, au travers du « holding » notamment, mais cette contenance évolue, s'affaiblit, se transforme et puis perdure dans le développement des phénomènes transitionnels. Pourtant, elle est réitérée dans de nombreuses interactions et en particulier lors des différents nourrissages qu'assure la mère. Ceux-ci sont d'ailleurs repris très régulièrement, dans des temps rythmés et même métrés, surtout au début de la vie.

La réitération des effets de la contenance crée donc un retour régulier de celle-ci, même si les contenants changent.

C'est ce retour qui assure d'une part la permanence du contenant de base et d'autre part l'évolution de la contenance et de ses caractéristiques, au travers des phénomènes transitionnels notamment. Ils amènent le nourrisson à être lui-même contenant pour ses propres objets internes et à repérer des contenants de plus en plus larges, à l'exemple très winnicottien de la culture.

Le retour de contenance est-il alors de l'ordre de l'identique ou du même, à l'instar de la différence évoquée par Michel de M'UZAN ? La contenance, comme fonction psychique, renvoie-t-elle à une fonction stable d'identité ou à une fonction variable d'évolution, de confrontation, de différenciation?

C'est sur le parcours de la répétition à la reproduction que l'on va essayer de suivre la question du retour de la contenance, dans une perspective tant développementale que descriptive, et en repérant l'impact de la contenance tierce sur les phénomènes de retour, de reprise, de répétition.

4.3.1- Répétition et contenance simple

Le terme de répétition, sur le plan psychique, sera ici employé dans le sens psychanalytique de reprise inconsciente d'un comportement ou d'une relation, sans perception de cette reprise, sans distance. C'est à l'approche de Gilles DELEUZE (68) que les références seront faites, notamment en tant que la répétition apparaît pour lui comme « l'inconscient de la représentation ».

La contenance se repère par ses effets, ses caractéristiques ou ses qualités. La réitération de ces marques de contenance induit la répétition de l'existence de cette contenance elle-même. Elle est ainsi scandée, rythmée, réitérée jusqu'à ce que la scansion se fasse continuité et inscrive la contenance comme « allant de soi ».

Cela amène à l'évident, à l'impensable, c'est. C'est; hors du temps, hors de l'espace des perceptions. C'est; dans l'éternité, l'immédiat, le vide, c'est du côté de la pulsion de mort chez S. FREUD.

On peut supposer alors, pour le nourrisson, une telle contenance qui s'insinue dans « l'instinct maternel », déjà là, qui se scande dans le « nursing » et se réitère dans le « holding ».

La contenance simple est de cet ordre : un ensemble en contient un autre, comme une casserole qui contient 1 litre de liquide pourra toujours, pourvu qu'elle ne soit pas déformée, contenir 1 litre de liquide, quel qu'il soit.

Répétable à perpétuité, dans tous les espaces possibles, sans conscience, *la contenance simple est liée à une pure répétition.*

Elle est d'ailleurs impensable tant qu'elle n'est pas mise à l'épreuve d'une confrontation. Confrontation à la ressemblance, à l'analogie ou à l'opposition, trois des quatre formes, avec l'identité, du « quadruple carcan de la représentation » que G. DELEUZE évoque comme condition pour qu'une différence soit pensable. En effet, il précise que la répétition est une « différence sans concept », c'est-à-dire sans renvoi à une identité conceptuelle.

La contenance simple est ainsi, non pensable tant que sa fonction même de contenance n'est pas mise à l'épreuve.

Si on la met à l'épreuve de la ressemblance, on se situe alors, toujours selon G. DELEUZE, dans le domaine de la perception, soit du point de vue quantitatif de l'égalisation, soit du point de vue qualitatif de l'assimilation.

La contenance simple ne peut s'observer en soi. Voir le gros ventre d'une mère ne permet que d'imaginer, et supposer, qu'elle porte un enfant.

Renvoyer à la perception implique de s'attarder non plus à la contenance elle-même mais à ses caractéristiques, en termes de capacité et de résistance. Cela se peut au travers de ses qualités : attractivité, élasticité mais aussi adhésivité et force du maintien. C'est bien là en termes quantitatifs qu'une contenance volumique peut se mesurer par exemple, ou en termes qualitatifs qu'une contenance sera évaluée, par exemple comme forte ou non.

Cela se rapproche, en psychologie, de l'analyse que D. ANZIEU fait de la contenance comme fonction d'enveloppe du Moi-peau.

L'épreuve de l'<u>analogie</u> repose sur un rapport de jugement et plus précisément sur l'intériorité du rapport de jugement par rapport à des catégories. La contenance est alors évaluée par rapport aux contenus qu'elle permet, là où W. BION soulignait précisément le rapport contenant-contenu.

L'intériorité de la contenance consiste en l'appartenance des éléments aux ensembles contenants. On a vu que la contenance simple correspond à une double appartenance puisque si A⊂E c'est que tout élément appartenant à A est aussi élément appartenant à E.
C'est l'analogie du rapport entre ces deux appartenances qui fait alors surgir l'« être » de la contenance et relie les deux ensembles distincts. Ceux-ci forment, au niveau de leur contenu, des catégories d'éléments différenciables, pour autant qu'ils puissent être identifiés en termes de caractéristiques de contenu.

C'est ici à l'approche W. BION qu'on peut faire référence et aux éléments α et β qui sont deux types différents de contenus. C'est la capacité de rêverie de la mère qui permet la transformation d'éléments β, sans signification, en éléments α

intégrables. La contenance renvoie alors à la différence des catégories des éléments contenus.

La mise à l'épreuve de l'<u>opposition</u> a déjà été évoquée à propos des « effets de négatif » de la contenance en référence à l'approche de R. KAES.
En effet, si un ensemble en contient un autre, cela signifie que certains éléments appartenant à l'ensemble contenant E n'appartiennent pas à l'ensemble contenu A.
Cette complémentarité mathématique agit comme le négatif de l'affirmation de contenance et surtout pose la « problématique » de cette contenance comme « Idée-problème » (voir DELEUZE, 68, p. 342-343). Cette affirmation crée en effet, positivement et corrélativement, la non contenance comme liée directement à la contenance puisqu'un nouvel ensemble est créé: le complémentaire dans E de A $[C_E(A) \subset E]$, qui est lui-même un contenant et non pas un non contenant.

Il reste alors, pour sortir de la répétition pure et atemporelle, à renvoyer la contenance à d'autres contenances, dans ce que nous avons appelé la composition des contenances. C'est seulement à partir de là qu'un concept de contenance est envisageable, à partir de la confrontation à l'identité de la contenance elle-même, donc à son rapport à une autre contenance, Même et non plus Identique, dans la contenance plurielle.

4.3.2- L'écho et le double : contenance double et contenance simultanée

G. DELEUZE semble s'étonner lui-même que son travail l'amène à considérer la différence comme émergeant entre les deux répétitions : « Voilà que la différence elle-même est entre deux répétitions : la répétition superficielle des éléments extérieurs identiques et instantanés qu'elle contracte, et la répétition profonde des totalités internes d'un passé toujours variable, dont elle est le niveau le plus contracté » (Ibid. p. 367). C'est en référence à une logique temporelle qu'il se situe et qu'on peut reprendre en termes de succession et de simultanéité.

a) L'écho et la contenance double: la reprise

Il ne s'agit pas exactement de la seconde répétition deleuzienne, qu'il appelle aussi celle du Pendant, et qu'il réfère à l'action du « devenir-semblable » ainsi qu'à l'identique. Cependant, les « totalités internes » peuvent être évoquées ici en rappelant que, dans le phénomène de l'écho, un son, très proche d'un premier, est intégré, « contracté », avec celui-ci pour donner la perception d'une entité : l'écho, dont j'ai analysé quelques aspects particuliers sur le plan psychique, dans le domaine vocal, notamment en rapport avec la notion d'étrangeté. (D. PERROUAULT, 92, 93).

Dans la contenance double, un ensemble est contenu dans un autre, et contenu dans un plus grand parce que ce dernier contient l'autre.

On a là une succession de contenances en ce sens que l'une est abordée avant l'autre, mais dans une succession qui peut se réduire au temps de la pensée qui est nécessaire pour passer d'un penser-la-première contenance au penser-la-deuxième. La première devient alors du passé pour la suivante lorsque la seconde arrive et, avec elle, la répétition de contenance, qui est plutôt ici la *reprise* de contenance.

Considérons une famille (F) et, contenu dans cette famille, l'ensemble des hommes (h). Si l'on y prend en compte l'ensemble des garçons (g), on a d'abord $g \subset h$ puis $h \subset F$. Cette succession ne peut s'inverser parce que l'on ne peut avoir $h \subset g$ puis $g \subset F$. C'est donc une succession ordonnée de contenances, l'interne du premier ensemble est une partie interne du suivant.

Sur le plan psychique individuel, on en a un exemple avec ce que D. ANZIEU appelle les « contenances emboîtées » (94, p.74), à l'image du contexte qui contient l'oeuvre qui contient le texte.

Dans l'élaboration du Moi-peau, il distingue l'enveloppe externe qui gère l'excitation venue de l'extérieur et l'enveloppe interne où s'inscrit la signification, la communication. L'une contient et protège l'autre, à l'image de l'épiderme et du derme et de l'épiderme, la véritable « interface », au sens de R. THOM, c'est-à-dire génératrice d'espaces, étant la plus interne.

Les pathologies liées au rapport entre les deux enveloppes (ANZIEU, 90, p.69-72), se réfèrent à leur indifférenciation, qui génère de l'angoisse, ou encore leur manque de lien, quand elles sont soutenues par des expériences trop séparées. Ce qu'il appelle « la pathologique de l'écart », entre les deux enveloppes, peut alors être exprimé au travers de symptômatologies comme l'hystérie, l'angoisse, le psychosomatique ou la perversion.

Lorsqu'il y a indifférenciation, cela renvoie à des contenances non différenciées, donc à une contenance simple et à la répétition pure.

Lorsqu'il s'agit d'absence de lien entre les deux enveloppes, les contenances ne peuvent plus être comparées, c'est alors l'écart qui est flou et devient pathologique et c'est donc l'emboîtement des contenances qui pose question et provoque des formes folles de rapports entre le contenant et son contenu.

Le Moi-peau pourra être intégré dans une enveloppe plus extérieure, dans un autre contenant à une dimension plus sociale et culturelle, spatio-temporelle par exemple. C'est ce que propose D. HOUZEL dans ce qu'il appelle les trois « feuillets » de l'enveloppe psychique avec, à l'intérieur, la « pellicule », forme archaïque non orientée de limite, ensuite la « membrane », premier vrai contenant permettant une inscription, et « l'habitat » qui est la dimension extérieure, perceptive et environnementale de l'enveloppe (87, p.41-45).

b) Le double et la contenance simultanée: le duplex

Il y a là une ambiguïté vraie, qui tient à la question du double et qui nous confronte à deux aspects complémentaires de ce double, que le mot n'exprime pas, l'un plutôt temporel dans la succession et l'autre plus spatial dans l'immédiateté de la simultanéité. Il y a donc deux doubles comme G. DELEUZE a repéré deux répétitions.

La *contenance simultanée* concerne deux ensembles distincts, extérieurs l'un à l'autre, mais considérés au même instant comme identiquement contenus dans un troisième ($A \subset E$ et $B \subset E$) avec $A \cap B = \emptyset$.

Cette identité simultanée de contenance ne va pas de soi, hors d'un contexte général abstrait, ici mathématique. Qu'il y ait en effet un ensemble d'hommes dans une famille et un ensemble de femmes paraît des plus normal. Que la contenance du groupe des hommes s'intègre dans celle de la famille, au même titre que celle du groupe des femmes, est clair.

Pour autant, les caractéristiques de contenance sont distinctes, c'est donc pour les individus éléments, et en terme d'appartenances distinctes, que les différences vont se jouer, ou plutôt se révéler, les contenances n'étant, elles, aucunement distinctes quant à leur articulation ($h \subset F$ et $fe \subset F$).

Ici, les deux contenances ne peuvent être considérées qu'en « même temps ». Cela crée une impossibilité de les penser qui renvoie soit à l'une, soit à l'autre et revient à la contenance simple et à la répétition pure, tant qu'on ne peut évoquer les différences d'appartenance.

C'est, en partie, à la première répétition deleuzienne que cette simultanéité peut être associée : celle « superficielle des éléments extérieurs identiques et instantanés ». Les contenants A et B sont extérieurs et, identiquement et instantanément, contenus dans l'ensemble E.

Cela amène à distinguer non plus des temps successifs de contenance, mais des espaces distincts de contenance en A et B. Il y a deux lieux extérieurs l'un à l'autre pour une même contenance, de A dans E et de B dans E, mais dans des contenants distincts, avec des caractéristiques propres et des appartenances singulières.

On peut repérer ce type d'articulation de contenants dans ce que propose Bernard GIBELLO pour les contenants de pensées archaïques du bébé : « je propose de reconnaître trois types de contenants de pensée archaïques, individualisés par leur objet, leurs lois d'organisation et leurs investissements : les fantasmes, les processus de cognition, les contenants narcissiques » (95, p.86). Ils sont individualisés, différents et concomitants. C'est, selon lui, seulement les contenants symboliques complexes et les contenants culturels qui permettront la levée du clivage qui les sépare, et leur offriront des possibilités d'articulation.

L'expérience du bébé contient alors, simultanément, les trois contenants archaïques distincts. La répétition est alors en « duplex », par analogie avec les communications simultanées, télévisuelles ou autres.

4.3.3- Reproduction et contenance tierce

La troisième répétition deleuzienne est celle de « l'éternel retour ». Elle est ontologique en tant qu'elle atteint l'« être » en soi et supprime les autres répétitions qui sont absorbées dans l'univocité de l'être. C'est cette univocité qui permet la reproduction, la copie, le retour, l'imitation secondaire.
Elle renvoie plus encore à l'approche platonicienne de l'imitation, avec notamment la force du modèle par rapport à la copie, et introduit, avec la re-production, l'idée géométrique d'égalité qui est fondée sur la superposition des formes et des figures.

C'est bien l'articulation de succession et de simultanéité qui amène une trame temporelle où un objet unique peut s'inscrire et, dès lors, être symbolisé, re-présenté et, par suite, pensé.
Dans la contenance tierce, la contenance simultanée et la contenance double s'articulent et se retrouvent.

En effet, dans l'intersection de A et B, on a la superposition des contenances de A et B. On y trouve des contenances simultanées: $A \cap B \subset A$ et $A \cap B \subset B$. C'est la logique du « et », tout élément i de l'intersection $A \cap B$ appartient à A <u>et</u> à B.

Dans la réunion $A \cup B$, c'est la logique du « ou », tout élément r de $A \cup B$ appartient à A <u>ou</u> à B. On a alors une seconde contenance simultanée avec: $A \subset A \cup B$ et $B \subset A \cup B$.

A considérer toutes les deux ensembles l'intersection et la réunion, on obtient deux contenances doubles : $(A \cap B) \subset A \subset (A \cup B)$ et $(A \cap B) \subset B \subset (A \cup B)$.

La contenance tierce s'élabore à partir d'un contenant unique (E) qui permet l'inscription des contenances doubles et des contenances simultanées, articulées dans ce contenant global, temporo-spatial, le tiers-contenant.

Cependant, la reproduction nécessite non seulement une différence entre modèle et copie, une unicité, mais aussi un mode d'inscription, une technique pour reproduire le modèle. La dimension symbolique ne peut former une telle possibilité que si une problématique émerge, comme on l'a vu rappelé par G. DELEUZE à propos de la représentation.

La problématique émerge de la superposition incomplète des contenants A et B : ils ne sont pas égaux et pourtant ont une partie commune.

Sans cette problématique, les « duplex » et « reprise » peuvent bien s'ajouter, ils resteront susceptibles de retourner à la répétition.

Considérant en effet la seule différence des sexes dans la famille, on a deux contenances doubles : les garçons (g) sont inclus dans les hommes (h) dans la famille ($g \subset h \subset F$) et de même pour les filles ($fi \subset fe \subset F$). On a aussi deux contenances simultanées $fi \subset F$ et $g \subset F$, ou encore $h \subset F$ et $fe \subset F$. Pour autant, il n'y a pas contenance tierce.

À considérer la différence des générations, dans le même contenant famille (F), on a deux contenances simultanées: père et mère étant des parents (pe⊂pa et me⊂pa), garçon et fille étant des enfants (g⊂eft et fi⊂eft). Une troisième contenance simultanée s'y ajoute : pa⊂F et eft⊂F. On a également des contenances doubles: pe⊂pa⊂F; me⊂pa⊂F; fi⊂eft⊂F ; et g⊂eft⊂F. Il n'y a pas non plus de contenance tierce.

C'est la problématique de la confrontation de ces deux différences qui introduit la possibilité d'une contenance tierce. En considérant un contenant sexualisé, féminin par exemple, et un autre générationnel, les parents par exemple, on a alors une problématique posée : on peut être parent et du sexe féminin, mais pas nécessairement.

La reproduction humaine elle-même ne peut d'ailleurs s'envisager que si les deux différences sont considérées, simultanément et en succession. On ne peut être parent sans la sexualité. Si un bébé naît d'un rapport sexuel et qu'aucune fonction parentale n'est assurée, SPITZ a montré que le nourrisson perdait la vie dans un délai rapide.

La reproduction, en psychopathologie, renvoie à l'inconscient de la reprise, sans comparaison en duplex. Elle concerne des comportements qui sont inconsciemment reproduits d'une personne à l'autre, le plus souvent d'une génération à l'autre, et n'est pas à considérer comme une re-production représentative telle qu'une imitation, consciente et voulue, peut le mettre en œuvre. Cela n'est pas non plus une répétition qui, elle, concerne un même individu à des périodes différentes de sa vie.

Cette reproduction fonctionne dans une succession qui n'est pas référée à la simultanéité. Il n'y a pas de comparaison entre un modèle et une copie car les deux ne sont pas confrontés l'un à l'autre, dans la simultanéité de leurs représentations psychiques, qui permettrait prise de conscience et verbalisation.

Dans la dynamique de la contenance tierce, il faut alors permettre une symbolisation, basée le plus classiquement, mais pas uniquement, sur une verbalisation en comparant les inclusions de A et B dans E et de A∩B et A∪B dans E. C'est à dire, par exemple, qu'il faut comparer les places dans la société des personnes, et des groupes dans lesquels elles sont contenues, avec celles des sujets et des familles ou classes dans lesquelles ils sont contenus.

On verra avec un des exemples cliniques que des adolescents peuvent verbaliser ces reproductions parce qu'ils les ont comprises, comparées, et peuvent se détacher de la confusion en identifiant pour eux personnellement une place de sujet sans renier la famille. Ils revendiquent alors un nom qui devient le leur en propre.

VI **LA CONTENANCE TIERCE PSYCHIQUE**

Il est clair que les contenants issus de la contenance tierce psychique seront de nature différente suivant celle des contenants mis en superposition. Pour reprendre la distinction de Bernard GIBELLO concernant les contenants de pensée, on peut dire que l'articulation, par exemple, de plusieurs fantasmes sexuels entre eux pourra donner des fantasmes sexuels symbolisés ou représentés, substitués ou sublimés.

La symbolisation des contenances archaïques par les effets de contenance tierce peuvent alors permettre d'accéder à une forme prototypique de ce qu'il appelle les contenants de pensée symboliques.

De la même façon, on peut imaginer que les contenants de pensée symboliques sont aussi articulables en contenants de pensée symbolisés pouvant accéder à un mode socialisé de contenance, c'est-à-dire généralisé à d'autres types de rapports sociaux. C'est le cas dans l'exemple du modèle de CANTOR qui donne à la psychologie, avec la théorie des ensembles, un tiers-contenant de dimension plus élargie.

Les contenants de pensée groupaux pourront être articulés eux-mêmes en d'autres formes de contenants, parfois plus individuels comme on le verra dans l'approche interculturelle qui sera proposée dans l'illustration de la contenance tierce psychique.

C'est dans ce cadre de la question de l'homogénéité des contenants articulés que seront développées ces « particularités ».

Deux questions sont ouvertes et restent posées :
- celle du changement de niveaux, c'est à dire du passage d'un niveau de contenance à un autre, en faisant l'hypothèse que la contenance tierce y joue un rôle important,
- celle de la superposition de contenants hétérogènes qui soulève le problème de leur composition sur le plan psychique.

1) **Contenance tierce et contenance partielle**

Toutes les formes antérieures impliquaient des contenances totales, véritables inclusions, comme une vacuole peut l'être dans une cellule. Avec la contenance tierce apparaît une contenance qui s'applique à deux ensembles qui ne se contiennent que partiellement.

De même qu'en mathématiques on peut créer une partition dans un ensemble, de même la contenance pourra n'être que partielle lorsque l'inclusion dans un ensemble ne concernera qu'une partie d'un autre ensemble. Ainsi, c'est une partie de A qui est incluse dans B, ce que l'on peut noter ($\wp_B(A) \subset B$) et aussi une partie de B qui est incluse dans A ($\wp_A(B) \subset A$).

Cette *contenance partitive* nécessite alors de revenir aux contenus des ensembles, c'est-à-dire aux éléments qui les composent, pour définir comment se construisent les parties et comment s'articulent, en contenance, la partie et le tout dans la dimension symbolique, au sens étymologique du terme.

Cela amène à définir une « *appartenance conditionnelle* » pour certains éléments. Ainsi les éléments de A appartiennent à $\wp_B(A)$ sous condition de leur appartenance simultanée à B, ce qui se note, en probabilités, « A sachant B » (A/B) et les éléments de B appartiennent à $\wp_A(B)$ sous condition de leur appartenance simultanée à A (B/A).

C'est alors cette **condition** qui fait l'objet d'un pacte ou d'un contrat dans les contenances psychiques groupales, posant et définissant symboliquement, mais de manière repérable, les modes d'articulation des contenances partielles. Une trace de cette condition est alors nécessaire pour établir une stabilité du repérage. On entre alors dans l'institué.

Par contre, les éléments de A qui n'appartiennent pas à $\wp_B(A)$ restent indépendants de B et ceux de B qui n'appartiennent pas à $\wp_A(B)$ sont indépendants de A. La seule possibilité de lien entre eux est alors à ramener à leur appartenance à E, le tiers-contenant.

Sur le plan psychique, cela renvoie par exemple, à la question, dans une famille qui est alors le tiers-contenant, de l'articulation de la différence des sexes et de la différence des générations que nous avons évoquée plus haut. Les règles qui l'organisent fondent alors la base de ce qu'on peut appeler l'éducation familiale.

Une fois identifié le contenant familial, à l'intérieur de celui-ci, se forme, sur le plan sexuel, l'ensemble des personnes du sexe masculin, celles qui ont un pénis. Si l'on suit Freud, ce qui s'y oppose d'abord c'est l'ensemble de ceux, en fait celles, qui n'ont pas de pénis, ce qui est littéralement le complémentaire du premier ensemble. C'est seulement plus tard qu'un sexe féminin identifiera plus clairement ce deuxième ensemble. Tous les deux restent complémentaires l'un de l'autre, en particulier dans la fonction de reproduction.

Sur le plan générationnel se distinguent l'ensemble des parents, les adultes qui nourrissent et protègent, et l'ensemble des enfants qui sont protégés et forment donc le complémentaire du premier ensemble, de ce point de vue.

Si M est l'ensemble des mâles, qui portent un pénis, et Pa l'ensemble des parents, l'intersection (M∩Pa) représente la place de père. La problématique de contenance partielle est celle-ci : est-il d'abord porteur de pénis ou d'abord parent ?
La substitution place ici le phallus en position d'emblème de l'intersection entre l'autorité parentale et la possession du pénis qui permet le coït et l'enfantement ; le complémentaire de cette intersection dans Pa c'est la place de mère ; le complémentaire de cette même intersection dans M c'est la place du garçon ; le complémentaire de l'union (M∪Pa) c'est la place de fille.

Dans ce contexte freudien, schématique, l'union de ceux qui ont un pénis (M) et des parents (Pa) est un groupe, dans la famille, formé des garçons et des parents (M∪Pa). La place de la fille n'est alors, dans cette perspective, que dans le complémentaire de cet ensemble dans la famille. C'est une place doublement définie de manière négative puisqu'elle n'est ni dans M, ni dans Pa. La petite fille aurait alors à trouver une dimension, non plus virtuelle mais réelle, pour sa sexualité.

Dans ce cas, le pervers, qui dénie l'absence de pénis chez la mère, empêche l'articulation de la contenance tierce. En effet alors, parents et garçons se trouvent sur un même plan, tandis que la fille n'est plus autre chose que le complémentaire, sexuel, du garçon, objet pour lui. Le pervers masculin peut alors s'arroger un pouvoir exorbitant, tant parental que sexuel, et déférer au partenaire de sa sexualité une place d'objet propre à le satisfaire, mais bien sûr ailleurs que là où le pénis rappelle la différence, ailleurs que dans la génitalité, là où le déplacement trouve un fétiche, une mascarade.

2) **Contenance-tierce et conflit d'appartenance**

L'appartenance conditionnelle est liée à une condition qui amène à poser la question de la priorité et donc du conflit. En effet, comme nous l'avons vu, tout élément de l'intersection de A et B (A∩B) peut être considéré comme prioritairement élément de A ou prioritairement élément de B. Si cette priorité n'est pas clairement définie il y aura conflit d'appartenance. La *force de contenance* mettra les contenants A et B en concurrence, appelant à contribution l'attractivité, l'adhésivité, l'élasticité, la résistance, les capacités de leurs contenances respectives.

Seule l'appartenance au tiers-contenant sera apte à assurer une permanence de contenance comme base de repérage, et à permettre l'élaboration d'un pacte conditionnel comme on l'a vu plus haut.

Il existe une autre contenance pourtant, celle de l'union des ensembles (A∪B) qui, par sa nature, renvoie à la nécessité d'une confrontation entre A et B et par conséquent à de nouvelles partitions, ou bien à des alliances ou des contrats de répartition. Là encore, c'est le contenant global qui pourra seul contenir, en permanence, ces variations. On a coutume de dire qu'il devient témoin, médiateur, juge, etc... Mais si la contenance de E est essentielle, les éléments qui pourront avoir le statut d'appartenance à E et de non appartenance, ni à A ni à B, seront essentiels pour le repérage des articulations au niveau des contenus. Ce sont ceux qui appartiennent au complémentaire dans E de l'ensemble formant la réunion de A et B [$C_E(A∪B)$]. Ces éléments sont les **tiers-éléments** dans E pour les éléments de A et de B.

Prenons à nouveau l'exemple d'un foyer élémentaire. Il est d'abord composé d'un couple : une femme, potentiellement mère, et un homme. Seule la femme est capable d'une contenance physique, d'une maternité. L'homme est donc son complémentaire dans le foyer qu'ils ont fondé, eu égard à la conservation de l'espèce et donc aux enfants envisagés.

Lors de la gestation, il y a contenance double (foetus⊂mère⊂Foyer). Après la naissance, il y a contenance tierce : des éléments sont à la fois à la mère et à la fois au nourrisson. Ce sont les forces de contenance du bébé et de la mère qui se trouvent en confrontation.

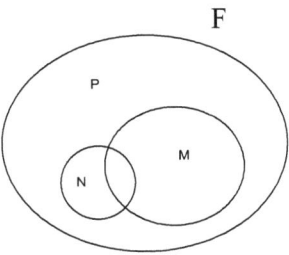

Seuls les éléments paternels, tiers-éléments dans F (la famille) pour N (le nourrisson) et M (la mère), pourront jouer le rôle de séparateur-témoin-juge, tout en préservant l'union familiale.

Il s'agit, dans cet exemple, d'un conflit narcissique d'appartenance, qui mettra, pour le nourrisson, quelques mois à se dessiner et quelques années à s'élaborer. La confrontation des contenances renvoie, elle, à la place de chacun dans l'ensemble familial.

3) **Contenance tierce et symbolisation**

On a vu les valeurs de symbolisation par substitution, introduite par l'intersection des ensembles (A∩B), et par sublimation introduite par leur réunion (A∪B). La contenance tierce est un support qui permet de les penser séparément et en association.

Il est alors intéressant de repérer les différents niveaux de symbolisation mobilisés.

Rappelons avec Henri WALLON (70) que « la fonction symbolique est le pouvoir de trouver à un objet sa représentation et à sa représentation un signe ». Cette définition simple montre bien les deux temps du mouvement symbolique : représentation puis signe. Entre eux se tissent des liens distincts, qui induisent le troisième lien: objet-signe.

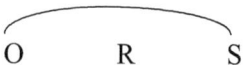

O   R   S

La contenance de A dans E, est représentée par la figure :

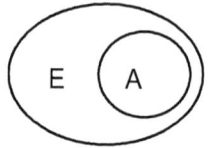

et le signe en est : A⊂E.

En ce qui concerne la contenance tierce, c'est un peu plus complexe.

3.1- Intersection et conflits d'appartenance

Dans l'intersection se joue une confrontation entre la liaison des éléments entre eux dans la contenance et leur séparation suivant qu'ils appartiennent ou non à l'intersection. La symbolique sous-jacente oppose donc des appartenances à chacun des contenants.

Robert PELSSER, dans un remarquable article de mise au point (88) introduit ainsi cette dimension symbolique : « la symbolisation désigne dans ce contexte (celui de la relation symbolisant - symbolisé) l'opération par laquelle quelque chose se trouve au lieu et à la place d'autre chose. Le processus de substitution exige, pour être réussi, deux conditions fondamentales: 1) les éléments mis en présence doivent être reliés entre eux 2) et rester simultanément distincts l'un de l'autre ».

Le processus de substitution a été évoqué à propos de l'intersection (A∩B), qui symbolise le conflit d'appartenance pour tout élément de (A∩B), qui peut appartenir à A et tout aussi bien à B. En effet les deux contenances simultanées (A∩B)⊂A et (A∩B)⊂B sont le signe du conflit d'appartenance de l'intersection à A et à B, tous les deux étant ensemble contenus dans E. La séparation des appartenances à A, dans A∩B ou non, implique un lien de contenance entre l'intersection et A.

La séparation des appartenances se fait lien dans la contenance.

3.2- Conflit de contenance et réunion

On a vu plus haut que la réunion d'ensembles créait, par sublimation, un nouvel ensemble (A∪B). La question n'est plus alors d'appartenance par rapport à A et B, comme avec (A∩B), mais bien de contenance : est-ce A ou est-ce B qui est d'abord contenu par (A∪B) ? Ce sont ici les contenances de A dans E et de B dans E qui sont en conflit et elles sont reliées ici par sublimation dans celle de (A∪B) dans E. Elles sont pourtant encore différentes, et même en conflit de contenance, ce qui confirme la dimension symbolique qui est mobilisée ici, au sens de R. PELSSER.

L'union des contenances se fait lien dans une autre contenance.

3.3- Les niveaux de symbolisation

À partir de l'analyse des travaux de Claude LEVI-STRAUSS sur la classification des mythes, Didier ANZIEU (94) a défini 5 niveaux de symbolisation et 5 logiques que l'on peut mettre en rapport avec la contenance.

- l'opposition binaire, qu'il met en relation avec l'opposition entre qualités sensibles de Claude LEVI-STRAUSS, renvoie à la logique de la contenance simple : E contient A ou ne le contient pas.

- les signifiants formels, en relation avec la logique des formes de Claude LEVI-STRAUSS, mobilisent la logique de l'appartenance comme liée à celle de contenance. Le signe ($a \in A$) définit les éléments contenus dans l'ensemble A.

- la logique des modes ou des relations, concerne les manières d'opposition et renvoie à la contenance plurielle, qu'on a pu décrire comme un inclusive ($B \subset A \subset E$), disjointe ($A \subset E$; $B \subset E$; $A \cap B = \emptyset$), ou partielle ($A \cap B \neq \emptyset$).

- le niveau de la logique temporelle, ou des mouvements, « introduit la pensée aux classifications ternaires » (D. ANZIEU, 94, p.36). C'est à ce niveau que se jouent les articulations de la contenance tierce, en introduisant l'intersection ($A \cap B$) et la réunion ($A \cup B$), comme néo-contenants, issus des conflits entre appartenances et contenances de A et B à l'intérieur de E.

- le 5ème niveau, qui est ajouté par Didier ANZIEU aux quatre logiques de Claude LEVI-STRAUSS, concerne la pensée logique. C'est là l'approche mathématique de la contenance qui s'y exprime:

°sous la forme « iconique » de la représentation avec la "patatoïde" des ensembles et de leur contenance, induite par les formes et leur recouvrement,

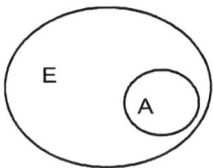

°sous la forme « abstraite » des représentations des relations de contenances, grâce au signe « ⊂ » : (A⊂E).

C'est l'articulation de ces deux dernières formes que l'algèbre de BOOLE et la théorie de CANTOR permettent et, notamment, la mise en relation de l'intersection (A∩B) et de la réunion (A∪B), en référence au tiers-contenant E. Cette référence existe alors indépendamment de A et B eux-mêmes puisque l'on peut repérer une articulation directe : (A∩B)⊂(A∪B)⊂E. Cette articulation permet de revenir à une forme plus simple, celle d'une contenance double ou, plus généralement, d'un emboîtement de contenances.

On peut ainsi passer d'un niveau à un autre, plus complexe, tout en utilisant les formes cognitives mémorisées de l'expérience sociale et du vécu personnel. C'est cette nouvelle possibilité, utilisable pour le sujet, qu'il soit groupal ou singulier, qui paraît ici intéressante à appréhender.

4) **Contenance tierce et émergence de nouveaux contenants**

Nous avons insisté sur la valeur symbolique des contenants intersection et réunion dans le modèle de la contenance tierce. Nous venons de voir comment un passage d'un niveau de symbolisation à l'autre pouvait être envisagé à partir de ce même modèle.

C'est donc en termes « d'émergence » que l'on peut repérer les nouveaux contenants, dans le sens de l'apparition d'ensembles nouveaux avec des caractéristiques spécifiques.

Cela va déterminer de nouvelles contenances dont les objectifs sont liés, tant pour le groupage que pour le maintien, à la nature du conflit qui les provoque. Les caractéristiques de capacité et de résistance seront variables jusqu'à atteindre une certaine stabilité que seule l'expérience pourra permettre, dans un développement temporel où les qualités d'attractivité, d'élasticité, d'adhésivité et de force du maintien s'élaboreront dans l'expérimentation. Sur le plan psychique, ou parlera d'expériences vécues, d'émergence tant cognitive qu'affective ou sociale, notamment dans l'élaboration de soi-même, au travers des liens entre l'individuel et le collectif, le singulier et le pluriel.

Cette émergence est pour nous l'occasion de montrer comment le modèle a déjà été partiellement utilisé pour souligner la confrontation de systèmes différents, dont les liens ne peuvent se réduire au seul clivage. C'est d'autant plus intéressant que les contextes théoriques sont très différents, mais que quelque chose de commun dans l'articulation les rapproche, d'un point de vue épistémologique.

4.1– PIAGET et les instruments cognitifs

J.PIAGET s'interroge avec Barbel INHELDER, dans les années soixante, sur les liens qui existent entre la mémoire et l'intelligence, après avoir travaillé sur les images mentales. Les rapports entre l'élément figuratif du souvenir (recognition, image) et les éléments opératifs (schèmes) soulèvent un problème d'articulation.

Ils opposent d'abord les fonctions : les fonctions opératives, qui peuvent transformer les objets, et les fonctions figuratives qui n'en fournissent qu'une imitation, sans transformation.

Pour analyser plus avant l'opposition, ils abordent les instruments qui servent ces fonctions et les signifiants que ces instruments fournissent. Ils distinguent 3 sortes de signifiants associés aux deux fonctions.

Les deux premiers, les indices (partie ou trace actuelle de l'objet) et les symboles (évocation plus ou moins ressemblante de l'objet en son absence), sont des instruments de la fonction figurative tandis que le troisième, les signes dont la valeur est collective, arbitraire, différenciée, renvoient à une autre dimension. Mais, curieusement, dans le texte, ils n'évoquent plus la fonction opérative mais la fonction sémiotique, ramenant sans le préciser, la possibilité de transformation à celle de donner du sens aux expériences et aux objets. Ils opposeront d'ailleurs non plus les fonctions entre elles pour préciser le rapport figuratif - opératif, mais les instruments figuratifs d'une part et la fonction sémiotique d'autre part qui regroupe symboles et signes. Entre ces derniers, « ce sont des rapports d'intersection » qui se jouent, précisent-ils.

Même si les glissements de sens entre fonction, instrument et signifiant d'une part, opératif et sémiotique d'autre part, soulignent la difficulté de l'articulation conceptuelle du schéma, ils en donneront une représentation, ici bien figurative, dont le commentaire traduit un fondement linéaire et continu où l'on retrouve leur préoccupation qui concerne le développement cognitif.

Selon eux, « Il existe d'abord des instruments figuratifs ne participant pas à la fonction sémiotique : telle est la perception, qui constitue bien un système de signifiants, mais à titre d'indices non différenciés du donné perceptif. Il existe ensuite des mécanismes qui sont à la fois figuratifs et sémiotiques : telles sont les images mentales, le jeu symbolique, l'imitation différée, le langage par gestes, etc.. Il existe enfin une catégorie d'instruments sémiotiques qui ne sont pas en eux-mêmes figuratifs : ce sont les systèmes de signes. Les langues naturelles appartiennent à cette catégorie. Toutefois l'usage que le sujet fait de ce système n'est pas nécessairement dénué d'un aspect figuratif. » (68, page 15).

La représentation qu'ils en donnaient alors est reproduite ici telle qu'ils l'ont proposée : les éléments figuratifs (F) et les éléments sémiotiques (S) sont en intersection (I m).

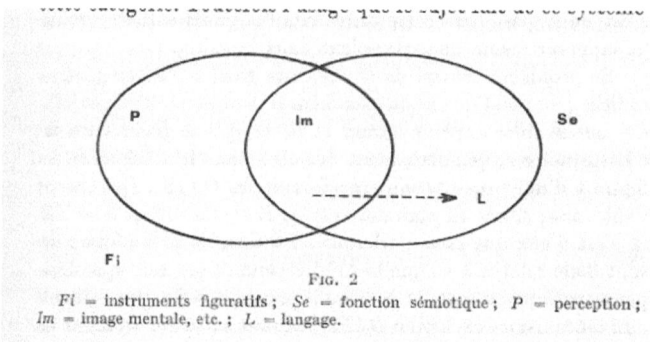

Fig. 2
Fi = instruments figuratifs ; Se = fonction sémiotique ; P = perception ; Im = image mentale, etc. ; L = langage.

En termes de théorie des ensembles, et de contenance, on a alors une série d'ensembles repérables :

F : l'ensemble des éléments figuratifs
S : l'ensemble des éléments sémiotiques
F∩S : les symboles et images mentales (noté Im par PIAGET)
C_F(F∩S) : les indices et notamment les perceptions (P)
C_S(F∩S) : les signes et en particulier le langage (L)
à quoi on peut ajouter, mais eux ne l'évoquent pas, la réunion des ensembles que l'on peut référer à la cognition :
F∪S : Les instruments cognitifs.

Il reste cependant la question du substrat sur lequel ce système va apparaître. Dans quel registre cela se passe-t-il ? Le tiers contenant, pour utiliser la terminologie de notre modèle, aurait pu être posé comme celui des instruments psychiques humains. Cela permettrait en effet de pallier les problèmes de cohérence que nous avons relevés concernant les instruments et fonctions d'une part, l'opératif et le sémiologique d'autre part, mais aussi de relever un aspect particulier : celui de la place de l'individuel et du collectif dans ces processus.

PIAGET et INHELDER présentent leur modèle avec une dynamique linéaire : perception, puis image, puis langage, ce qui correspond à la maîtrise progressive que l'enfant a de ces instruments. Mais il faut noter qu'ils existaient dans son environnement avant que l'enfant ne s'en serve, avant qu'il ne les comprenne comme étant des instruments.

On a souvent opposé PIAGET et VYGOTSKY sur l'importance du social et de l'environnement, en particulier en référence à l'égocentrisme primordial. On peut ici noter que PIAGET et INHELDER en avaient une certaine conscience même si leurs idées n'étaient pas développées. En effet, à propos des signes qui portent la valeur sociale d'un système, ils notent « ... nous n'avons pas distingué dans les actions du sujet S → TR les actions individuelles et les actions socialisées, car elles sont très tôt indissociables. Or tout groupe social possède une langue, et, par son intermédiaire, agit sur l'organisation cognitive interne des individus... » (ibid. page 14).

A prendre en compte la préexistence du social dans le système des signes, on peut alors considérer comme réelle intersection entre le système perceptif, sensori-moteur, d'une part et le système sémiotique, les codes, d'autre part, l'ensemble qu'on pourrait appeler symbolique. Ce nouvel ensemble est alors constitué des processus de représentation différée que sont les symboles, leur émergence apparaissant entre l'individuel (sensori-moteur) et le social (au niveau de l'organisation des signes).

Ce n'est plus alors seulement dans la dimension individuelle, mais aussi interindividuelle, que la représentation prend sens. Cela amène à considérer la double approche du développement du sujet : à la fois individu et à la fois membre d'un système organisé. La personne humaine est alors tributaire de sa culture, de la société à laquelle elle appartient, l'individuel et le collectif ne peuvent plus être séparés, du moins dans le tiers-contenant des instruments psychiques humains.

4.2– KAES et l'appareil psychique groupal

C'est précisément dans cette dimension que se situe le psychanalyste René KAES quand il propose le concept « d'appareil psychique groupal ». Pour lui, le psychisme se structure dans un double étayage, corporel et groupal, et certaines de ses formations sont des « groupes internes ». Entre les groupes du dedans et les groupes du dehors, il existe « un espace intermédiaire, ternaire, médiateur » : l'appareil psychique groupal (APG). C'est une formation intermédiaire qu'il étudiera principalement dans l'approche des groupes, mais qui concerne également la personne.

Dans un groupe, selon lui, l'appareil psychique groupal permet la structuration du groupement, c'est à dire du mode de groupage des individus. Ainsi, « le groupe en tant que formation réelle groupale se construit par déplacement et combinaison des formations psychiques groupales de chacun de ses membres. La raison d'être de l'APG est de fournir une surface de projection aux appareils psychiques individuels auxquels il donne forme, limite et contenance, exerçant du même coup sur eux un contrôle ».(79, page 150).

Toujours dans une approche de groupe, deux pôles sont en tension dialectique et caractérisent les rapports entre un membre et le groupe. On passe alors de la cohabitation corps - groupe à celle de personne – groupe, introduisant la dimension psychique.
Le pôle isomorphique est celui de l'identité de fonctionnement entre le groupe et certaines formations groupales de l'appareil psychique individuel.
Le pôle homomorphique est celui de « la différence des processus, des rôles, du sens et des tâches » entre les deux.

La tension dialectique entre les deux pôles l'amène à proposer des schémas de représentation pour comprendre l'articulation entre ces deux structures, ce qu'il appelle « trois figures possibles de la relation entre système personnel et système groupal ». (ibid p.152).

C'est donc une figuration de la dialectique qu'il propose, donnant une forme aux extrêmes que sont pour lui les « pôles », même si la réalité est celle d'une mouvance entre les deux.

Le premier cas est celui d'isomorphie entre le personnel noté (P) et le groupal (G). C'est cette configuration là qui exprime « l'identité imaginaire des deux systèmes » et donc la confusion qui peut régner entre eux. Il s'agit alors de contenance simple, avec une quasi égalité entre les deux ensembles ou systèmes.

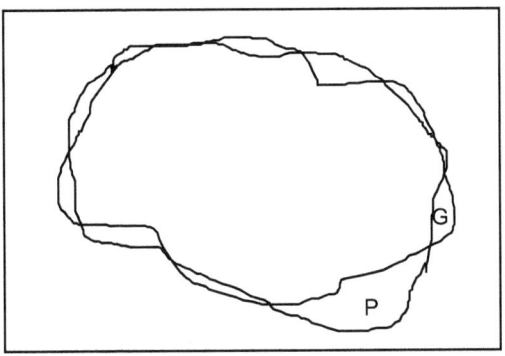

Le second est celui d'homomorphie avec « séparation radicale des rapports : l'illusion d'individualité unique pose la pure extériorité du groupe ».

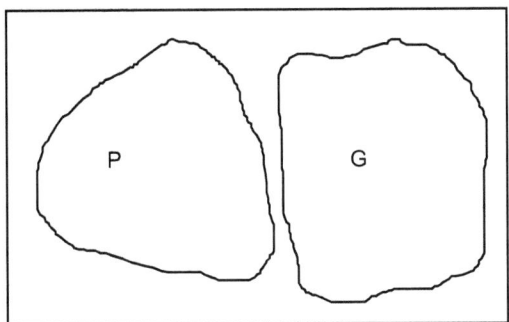

Le troisième est celui de la confrontation des deux systèmes qui montre « la structure transitionnelle et paradoxale du sujet constitué dans l'aire intermédiaire commune à (P) et à (G) » (la personne et le groupe).

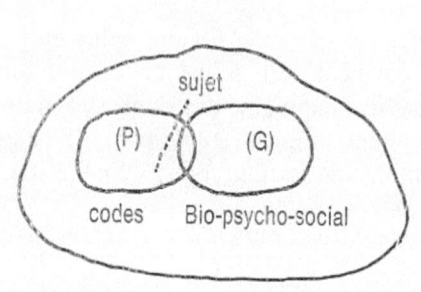

Ce n'est rien moins que l'émergence du sujet, au sens psychanalytique du terme bien sûr, qui s'actualise dans cette dialectique de tension et de confrontation entre le corps et le groupe, entre la personne et le groupe auquel elle appartient. On n'est somme toute pas très loin, toutes proportions gardées et dans des systèmes de compréhension bien distincts, de l'émergence de l'image entre le figuratif et le sémiologique dans le cognitif.

René KAES amène cependant un autre aspect qui nous rapproche encore de la contenance tierce, au niveau du dernier schéma. En effet, il ajoute à cette troisième figuration un contexte, qui apparaît comme contenant global. Ce contexte est fait des « codes inhérents au bio-psycho-social ». S'il ne situe pas ces codes directement comme trame de contenance, c'est bien cette représentation qu'il en donne et il précise que c'est avec l'avènement du sujet que ces mêmes codes peuvent être utilisés en expliquant : « En même temps que s'articulent les relations entre (P) et (G), apparaissent l'utilisation et la connaissance des codes différents qui régissent chaque ordre de réalité (biologique, psychologique, social). L'étayage multiple en double appui modifie constamment l'équilibre du rapport (P) – (G). » (ibid p.153).

Cette figuration ne sera, à ma connaissance, pas reprise, mais on peut repérer en 93, dans son ouvrage « le Groupe et le sujet du groupe », que ce substrat reste pour lui très présent : « Le sujet n'est en lui-même sa propre fin que de naître et d'être assujetti à l'ensemble qui le précède ; il naît et il est sujet de/dans l'ensemble, dans la trame des générations et dans la chaîne des contemporains. Corrélativement, il ne se constitue psychiquement comme sujet du groupe, serviteur, héritier et maillon de la chaîne et de la transmission intersubjective que s'il s'en éprouve bénéficiaire pour accomplir sa propre fin et, dans le meilleur des cas, devenir Je .» (93, p.308).

4.3– Palo Alto et le changement

Bien que ce modèle n'ait pas été utilisé par l'école de Palo Alto, on peut faire référence ici aux « changements » évoqués par Paul WATZLAWIK, notamment au « recadrage », dans les changements 2, qui dépassent la simple négation, celle de l'illusion de choix (a ou non a), et qui renvoie à ce que nous avons appelé la contenance simple.

Dans le re - cadrage, ce qui est modifié c'est un point de vue, c'est surtout « le sens accordé à la situation », autrement dit le contenant qui donnera précisément du sens à cette situation. Il parle alors de « modifier le contexte conceptuel et/ou émotionnel d'une situation » (73, p.116).

Il ne décrit pas le phénomène lui-même mais en donne des illustrations, parlant notamment d'un « saut quantique », d'un changement de niveau, ou même d'une « transcendance » en évoquant l'exemple de la synthèse qui transcende la thèse et l'antithèse, sortant de leur seule opposition.

Il décrit ici une nouvelle intersection, cette fois entre deux « cadres » qui donnent du sens, sans pour autant atteindre la question de la nature du changement et de ce « saut » d'un niveau à l'autre.

Le changement à lui seul ne permet pas, en effet, une réelle émergence, mais seulement une différence. Il n'y aura une émergence que si les deux sens persistent ensemble, de manière paradoxale, nécessitant alors de trouver une référence tierce, une contenance plus large qui englobe les deux sens en question et en particulier les deux contenances qui les soutiennent.

Ce qui est abordé alors est cette fois la question de la réunion des ensembles, des contenants, pour construire une autre contenance et un autre sens possible, plus large. Il s'agit ensuite de ramener à un contexte englobant, qui permette de contenir les deux sens ainsi que leur paradoxale réunion, dans un tout lui-même encore plus large.

C'est alors le « saut quantique », qui s'opère en partant des ensembles jusqu'à leur réunion, qui marque ici l'émergence d'un nouveau contenant, tout en le maintenant dans ce que nous appelons le tiers-contenant, qui assure son inscription dans un ensemble cohérent de sens, préexistant.

Comme tout processus émergent, la contenance renvoie d'une part à sa stabilité hypothétique, qu'on pourrait appeler sa permanence, avec la valeur de repère qui y est associée, d'autre part au risque de sa disparition, par régression ou par annulation rétroactive, notamment dans le retournement que nous avons évoqué plus haut.

On sait qu'en psychopathologie certaines fonctions peuvent se perdre, se refouler ou devenir forcloses ... Qu'en sera-t-il alors des contenances symboliques nouvelles dans cette optique? Le retournement pour la contenance tierce renvoie à la reproduction comme on la vu, mais l'émergence des nouveaux contenants produit une contenance simple qui peut faire l'objet de répétition. Qu'en est-il de ce passage et de quoi la contenance peut-elle faire l'objet?

5) Contenance tierce et transfert de contenance

Dans la contenance tierce, comme on l'a vu à propos du retournement de contenance, il y a production de contenance avec A et B dans E, et re-production de contenance avec celles de $A \cap B$ et $A \cup B$ dans E. Cela permet de prendre en compte les conflits de contenance et d'appartenance, tout en utilisant un niveau connu, ou inférieur, de la logique du « retour de contenance », puisque avec A∩B et A∪B, on revient à une contenance double : (A∩B)⊂(A∪B)⊂E. La question est alors autre, transposée, transcodée, déplacée, re-présentée autrement, symbolisée.

On observe ici, en référence au 5ème niveau symbolique évoqué par D. ANZIEU que, si la partie « iconique » est identique, la partie « abstraite » est déplacée. Il y a, dans la contenance tierce, un transfert de contenance qui permet de prendre en compte la problématique de contenance partielle posée en A et B dans E.

Ce « transfert de contenance », de A et B vers A∩B et A∪B, pourrait être considéré comme un précurseur de ce que C. GUERIN a appelé le « transfert de conteneur » (90) en référence à la fonction conteneur qu'a décrite R. KAES à partir des deux fonctions de BION, la fonction *contenant* et la fonction *alpha* dont nous avons évoqué la place.

Le transfert de conteneur est un mouvement de l'appareil psychique du sujet qui va « trouver à l'extérieur des fonctions psychiques mises en suspens chez lui ». Il en résulte une dé-différenciation au sein du psychisme et un déplacement de certaines de ses parties.

Le transfert de contenance, rendu possible sans déchirure d'enveloppe par la contenance tierce, est alors le moyen, qui permet, grâce à la reproduction, d'opérer cette transformation. Il faudra alors que la fonction alpha soit mobilisée pour que le transfert de conteneur soit réalisable, sans catastrophe pour le sujet, naissant ou fragile. Mais il faut pour cela que le tiers-contenant soit une référence intangible, principalement pour la mère, dans le cas du développement du nourrisson qu'évoque BION.

On voit là encore combien le tiers-contenant est essentiel dans les apports que permet la contenance tierce et comment la seule superposition de contenances est inapte à les repérer. Lorsque ce grand contenant est insuffisant en termes de caractéristiques ou de qualités, les avatars tels que la répétition, le double ou l'écho peuvent se manifester à partir d'un retournement d'une ou plusieurs des contenances considérées.

6) **Le tiers-contenant comme toile**

Si l'articulation des contenances montre la possible apparition des intersections et réunions, quand il y a superposition partielle de deux contenants distincts, c'est le tiers-contenant qui est la référence unique d'inclusion pour tous les sous-ensembles, trouvés ou créés, dans cet espace.

Sur le plan psychique, cela peut se traduire par une contenance globale, sans doute plus générique que générale, mais qui permet une même référence de sens pour les sous-ensembles, donc une cohérence qui les maintient tous dans une même contenance, avec des caractéristiques identiques.

On a vu, sur le plan psychanalytique, que René KAES propose l'ensemble des codes bio-psycho-sociaux comme étant un environnement de sens pour les pôles isomorphique et homomorphique dans l'appareil psychique groupal, mais aussi pour leur combinaison qui amène à faire surgir le sujet de la rencontre entre personne et groupe.

Les codes fournissent des signes, ainsi que des liens entre ces signes que le sujet pourra en son temps faire siens, ou plutôt auxquels il devra s'assujettir. Mais ils fournissent aussi, parce qu'ils sont communs aux groupes sociaux de l'entourage, de la société, un tissage des liens qui crée une toile de fond pour les autres sous-ensembles.

C'est là une dimension métapsychologique fondamentale pour tout discours sur l'être psychique, qu'il soit subjectal (au sens de KAES), ou objectif au sens cognitif du terme, ou encore sociétal en tant que membre d'un groupe signifié et identifié par son langage.

On trouve des traces de ce type de support tissé dans ces différents domaines et à différents niveaux.

6.1– La trame primitive socio-cognitive

G. LE BOUEDEC (84), a étudié la question des représentations sociales selon les « trois dimensions de l'univers d'opinion » qui ont été décrites par Serge MOSCOVICI. Ces trois dimensions sont : l'attitude, définie par des jugements orientés, l'information des sujets, et l'image issue des champs de représentation. Il en tire une conception intéressante de la structure de la représentation sociale, où une trame organise l'ensemble.

Selon lui, il existe une « trame primitive » sur laquelle se tisse « au cours de l'histoire individuelle et collective » d'une personne, donc dans une dimension d'expérience vécue, ce qu'il appelle le « tissu représentationnel ». C'est pour lui le « fonds social commun » sur lequel se différencient ensuite les groupes.

Cette conception est complétée par J.M. RAMOS dans une étude de représentation sociale plus spécifique, celle du temps, où il conclut à une « conception stratifiée de la notion de temps ». La construction mentale comprend selon lui deux registres au moins de signification : « une trame primitive, définie par un ensemble de références communes à tous les groupes sociaux et une constellation de traits sensibles aux expériences temporelles qui forme la trame corollaire. » (92, p. 299).

Cela rejoint l'idée leibnizienne de « tissu » formé selon lui des « enchaînements de syllogismes et de définitions » qui servent constamment, et qui est à la base des deux principes des principes.

Le premier principe souligne la nécessité d'une référence unique pour toute chose : « Tout est toujours la même chose, il n'y a qu'un seul et même Fond ».

Le second marque que les processus amènent des différenciations repérables dans cet ensemble unique : « Tout se distingue par le degré. Tout diffère par la manière ».

Cette trame est donc bien alors à considérer comme une référence stable et unique, qui permet d'inscrire les expériences de chacun sur un « tissu » fondamental comme on le fait en tapisserie lorsqu'on utilise le support structuré d'un canevas pour élaborer une représentation artistique.

6.2- WALLON et la conscience subjective

S'il semble bien exister une sorte de trame commune, et surtout fondée sur une inter-relation précoce, on peut repérer chez WALLON la place et la fonction de l'inscription psychique, qui se joue sur le plan moteur, dans ce qu'il appelle « la fonction posturale », dont il souligne l'auto-enrichissement dans le développement de l'enfant

Il en dit ceci : « Liée d'abord à toute l'activité motrice et sensorielle comme un facteur indispensable d'accomodation exacte, de soutien et de préparation, elle devient non seulement un lien, par le jeu des attitudes, entre les domaines simultanés et les moments successifs de notre activité, mais elle donne au sujet lui-même le sentiment de sa cohérence actuelle et de son unité réalisatrice. Elle est la première forme de la conscience subjective, dont l'intérêt immédiat doit être de rendre possible un minimum de cohésion intime et d'accord entre soi et autrui. » (42, p. 233).

Ainsi, cette fonction posturale permet, comme l'a repéré par ailleurs dans le domaine psychanalytique René KAES, l'avènement d'un sujet, d'une conscience en référence au soi, mais aussi à l'environnement, dans un contexte marqué par les premières activités motrices. Ce lieu d'inscription intègre les événements, les mouvements, mais aussi les objets et les liens.

Dans cette dimension, où le cognitif et l'affectif semblent se rejoindre, on peut évoquer une proposition de Bernard GIBELLO qui voit, lui, cette trame comme support de la conscience, dans ce qu'il appelle le contenant des contenants. C'est là, pour lui, une membrane, une enveloppe, un écran de projection, une surface à une seule face, où le moi se structure peu à peu et qui sert de support et d'enveloppe aux expériences du sujet et en particulier à ses pensées.

Cette référence, au soi, au moi, au sujet, à la conscience, est également mise en avant par Daniel STERN dans son travail sur l'observation des nourrissons. L'idée de cette trame de base y intervient comme « perception amodale » pour traduire la capacité de transfert d'un apprentissage d'un mode perceptif à un autre et donc le partage d'une fonction.

Pour lui, « le nourrisson paraît avoir une aptitude générale et innée, que l'on peut appeler *perception amodale*, qui le conduit à traiter des informations reçues dans une modalité sensorielle donnée, et à les traduire dans une autre modalité sensorielle. Nous ne savons pas comment il accomplit ce travail. Il ne fait probablement pas l'expérience de l'appartenance des informations à une modalité sensorielle particulière. Plus vraisemblablement, elles transcendent le mode ou la modalité et existent d'une façon supramodale inconnue. Il ne s'agit donc pas simplement d'une traduction directe d'une modalité à une autre. Cela met plutôt en jeu le codage dans une *représentation* amodale encore mystérieuse qui peut ensuite être reconnue dans n'importe quel mode sensoriel. » (89, p. 75).

Sur cette base, D. STERN évoque une « unité de sens » qui est à la base de ce qu'il appelle « l'accordage affectif » où mère et nourrisson opèrent ensemble « un partage mutuel d'états psychiques » (ibid., p160). Ce partage est alors une véritable intersection entre les deux expériences vécues : celles du bébé et celle de la mère qui lui sert de support. Ce sont les représentations amodales qui forment alors la trame de ces expériences.

Il ne s'agit pas ici d'identifier tous ces phénomènes comme étant des aspects différents, issus d'une lecture singulière, d'un même système, mais de souligner la place du support global, de la toile de fond sur laquelle viennent se marquer des expériences, des vécus, des affects et des modes de perception ou d'apprentissage. Il est en effet nécessaire qu'un lieu et un mode d'inscription servent de repère normé pour que la réalité, qu'elle soit interne ou externe, prenne sens et permette une structuration des nouveaux événements.

6.3– Le « déjà dit » affectif et social

Pour que le sens ait du sens, il faut qu'il soit partagé ou au moins partageable. C'est alors en terme d'entourage, d'environnement, de groupe social, qu'il est nécessaire de situer cette toile de fond.

Toute personne humaine naît quelque part. Elle est fantasmée, anticipée par ses parents, son milieu, dans ce que beaucoup appellent le « groupe primaire », constitué par la cellule familiale avec tous les sens préétablis qui y sont présents et actifs.

Le nourrisson « baigne » dans un environnement sonore très tôt perçu in utéro, qui porte autant les prosodies des accents locaux que les codes langagiers de l'articulation vocale de la langue dite maternelle.

Ce bébé est attaché à sa mère, autant au travers de ce que J. BOWLBY puis d'autres, et notamment R. ZAZZO, ont étudié dans la notion d'attachement, que par le fameux instinct maternel où l'amour tient lieu d'affect primordial. Cette mère elle-même appartient au groupe familial, mais aussi au groupe culturel dans lequel ce groupe primaire est inscrit.

Ce qui est porteur d'un sens, que l'enfant pourra comprendre et s'approprier plus tard, est précisément la toile socio-affective sur laquelle s'inscrivent les autres sens. Cela correspond, dans un contexte psychanalytique, à un « tissu de liens associatifs » pour B. GIBELLO, à l'ensemble des « codes bio-psycho-sociaux » pour R. KAES.

Ces codes sont vivants et déjà présents lorsque le bébé apparaît ou qu'une émergence nouvelle se fait jour. La dimension spatio-temporelle y est repérable dans l'espace dynamique du « déjà là », mais aussi, et peut-être surtout, dans la dimension temporelle de l'articulation - celle de la langue - qui structure le temps de l'environnement. C'est ce que R. KAES précise au travers de la formule: « le déjà là, collectivement articulé ».

L'aspect collectif de cette articulation est essentiel à la dimension sociale de la toile. Collectif est à entendre ici dans le nombre et le pluriel des voix articulées, mais aussi dans l'itération de la collection des éléments. C'est cette double intégration de simultanéité et de succession qui tisse les liens de la toile et lui donne sa cohérence et son unité foncières.

Les codes, s'ils concernent d'abord le langage, sont aussi ceux des domaines du monde. Code génétique aussi bien que civil et pénal, code de bonne conduite ou code moral...

C'est la dimension universelle de la toile qui en fonde la fonction intégrative, en gardant une valeur inatteignable de sa totalité. C'est ce que LEIBNIZ a souligné en énonçant : « une chaîne inconsciente, opaque, relie toutes les réalités de l'univers ». (cité par J. RUSS).

S'il est effectivement important de repérer la dimension la plus large de cette toile, dans les valeurs de trame, de conscience, de codages culturels, de chaîne de liaison allant à l'infini de l'univers leibizien, on peut aussi évoquer des toiles plus singulières. Il en est aussi de finies, plus repérables, dans un ordre de réalité plus tangible, que le quotidien nous montre. C'est le cas notamment sur le plan psychique de l'approche clinique de problématiques spécifiques à des situations ou des personnes, rencontrées dans la pratique des psychistes, de manière toujours singulière.

7) **Contenance tierce simultanée (ou multiple)**

Il est possible, dans les expériences de la réalité, de voir se multiplier les intersections. C'est le cas lorsque l'ensemble A possède une partie contenue par un ensemble B1 et une autre par un ensemble B2.

Cela peut se schématiser ainsi :

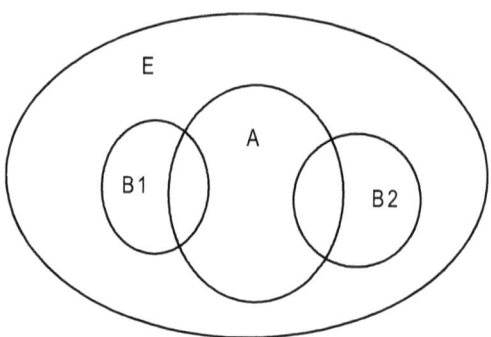

A et B1, de même que A et B2 sont en contenance tierce dans E, tandis que B1 et B2 y sont en contenance simultanée.

Ici, A∩B1 et A∩B2 n'ont aucun élément commun et les deux contenances tierces sont indépendantes, seulement attachées au même tiers-contenant (E), même si A est concerné dans les deux.

C'est le cas dans une famille où la mère (A) partage avec ses enfants (B1 et B2) des vécus inclusifs forts qui évoluent avec le temps, la naissance, l'identité psychique, la marche, etc... mais où chacune des intersections avec l'un ou l'autre se joue différemment. Toujours dans une famille (E), A peut être l'ensemble des personnages parentaux, B1 celui des filles (enfants de sexe féminin) et B2 celui des garçons. C'est toujours le tiers-contenant famille qui contient, garantit, maintient, contrôle les personnages, les regroupements, les alliances, les pactes et les contrats.

Bien entendu, il peut exister des B3, B4, etc...

8) La contenance tierce partagée

Pour reprendre l'exemple cité précédemment, c'est le cas des jumeaux qui partagent entre eux une autre contenance. Cette fois B1 et B2 ont une intersection non nulle et, qui plus est, celle-ci est dans la contenance tierce avec A.

A et B1 sont en contenance tierce dans E, mais également A et B2 et aussi B1 et B2.

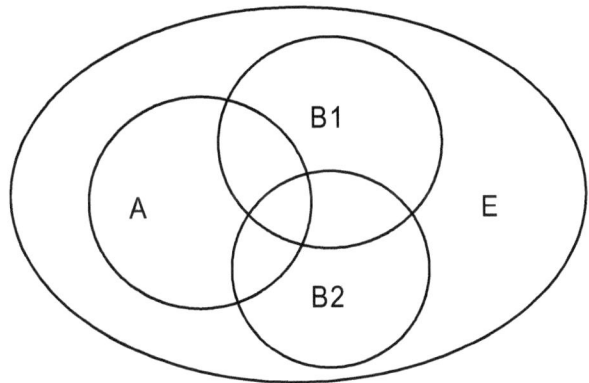

Une interférence va alors s'établir pour certains éléments de A∩B1 par exemple, qui appartiennent aussi à A∩B2 et vont entraîner un conflit d'appartenance, qu'on peut dire secondaire, cette fois entre B1 et B2, posant la question de la différenciation des places des jumeaux dans la famille, ce qui est une réelle contrainte de plus.

La contenance tierce partagée peut aussi être considérée comme « exclusive » :

Le cas évoqué précédemment était celui de jumeaux monozygotes, par exemple, qui partagent entre eux, en dehors de la mère, un patrimoine génétique puisqu'ils sont issus du même oeuf, qui se compose d'éléments qui laissent non vide leur intersection.

La *contenance tierce partagée exclusive* correspondrait, elle, aux jumeaux dizygotes qui, une fois acquis leur identité propre, sont aussi distincts que des frères et soeurs différents, mais ont le même âge, vivent en simultanéité. Dans ce cas, les intersections de A et B1, A et B2, B1 et B2 sont quasiment les mêmes.

On peut le représenter ainsi :

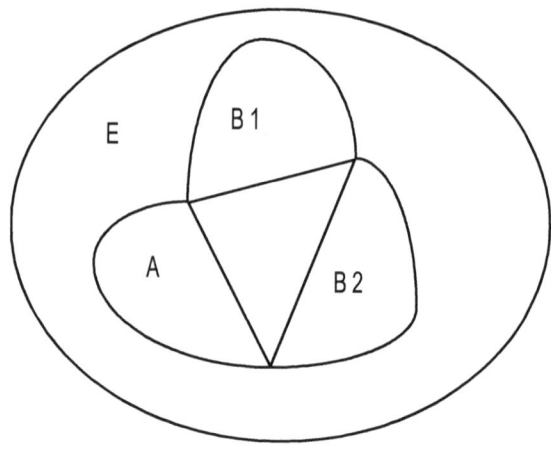

Ici, chaque conflit d'appartenance va impliquer les 3 partenaires. Il y a alors, comme dans le cas de la contenance triple, un ensemble (A∩B1∩B2) dont les éléments sont en quadruple appartenance à A, B1, B2, E. Les identités propres sont d'autant plus difficilement marquées par cette structure.

9) <u>**La contenance tierce et le conflit oedipien**</u>

Le conflit narcissique d'appartenance n'est pas le seul dont puisse rendre compte la contenance tierce. En effet, le bébé, devenant fille ou garçon, s'attelle aux tâches identificatoires dans des formulations distinctes de l'oedipe féminin ou masculin.

Schématiquement, en limitant la problématique à un enfant, il se trouve dans deux situations possibles de contenance tierce selon son sexe.

9.1- **La contenance tierce et la petite fille**

Elle s'identifie à sa mère et cherche donc tous les éléments dont elle peut être, comme sa mère, contenante.
On a alors la représentation suivante :

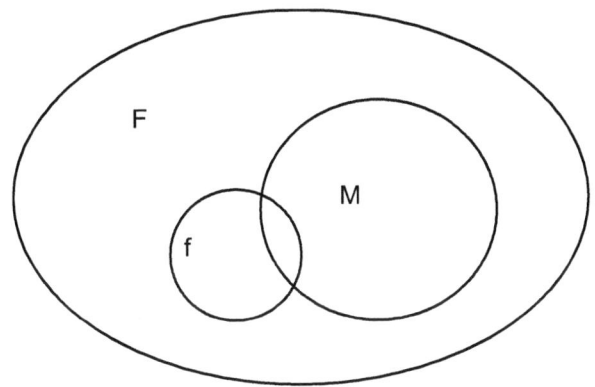

Outre les aspects secondaires ou sociaux de la sexualité féminine, la fille (f) partage avec sa mère (M), dans l'ensemble de ses caractéristiques, l'absence de pénis mais surtout une potentialité de maternité (f∩M). Elle a ses aspects propres [C_f(f∩M)] et sa mère aussi [C_M(f∩M)].

Le père est le complémentaire de la mère dans le couple du foyer comme on l'a vu, mais il est aussi ici dans le complémentaire de (f∪M) ce qui l'amène à se distinguer de la gent féminine à laquelle la petite est fière d'appartenir. Mais il est aussi en grande partie dans le complémentaire de (f∩M), là où fille et mère sont toutes les deux présentes, là où leurs forces de contenance vont s'opposer, là où le désir d'avoir un enfant du père prend place naturellement, et la rivalité s'y installera alors.

C'est donc en référence à la complémentarité que se joue ce conflit. En fait, là où le père est complémentaire de la mère, la fille doit disparaître pour maintenir la différence des générations. C'est le renoncement oedipien nécessaire à l'évolution et au maintien des acquis. C'est, pour le père, l'interdit de l'inceste, pour que sa fille devienne un jour femme, d'un autre sur le plan générationnel. C'est bien à lui de signifier tout cela, non pas dans une épreuve à laquelle il devrait seul faire face, mais en s'appuyant sur la « trame primitive » qui fait qu'il appartient à un groupe organisé où cette loi a déjà du sens.

9.2- La contenance tierce et le petit garçon

Lui s'identifie à son père. Ce qu'il partage avec lui, outre le social et le secondaire, c'est le pénis. Cette fois, le complémentaire est la mère et si la problématique est identique dans le conflit de complémentarité, il faut bien souligner que le pénis n'est pas que potentiel, ce qui entraîne, au niveau de l'intersection (g∩P) du partage avec le père un désir érectile qui sera à la mesure de la crainte de castration, de disparition quand se pose la question de la complémentarité père - mère. La nécessité phallique est donc plus impérieuse chez le petit garçon pour sortir d'une réalité parfois affligeante et pourtant dangereuse. Ceci d'autant plus qu'il a partagé du corps avec sa mère, quelque temps auparavant.

C'est, dans ce cas, la mère qui détient les tiers-éléments qui permettront de négocier les contenances, dans ces conflits d'appartenance. Pourvu, bien sûr, qu'elle s'interdise l'inceste elle aussi.

10) <u>Le conflit adolescent : un problème de contenance</u>

Dans une famille F, l'identification sexuelle repose donc sur l'intersection des groupes f des filles et M des mères (ou g et P), à partir d'un conflit d'appartenance.

Mais si l'on considère la réunion de ces groupes, se pose la question de l'adolescent : être enfant (fille ou garçon) ou être adulte (potentiellement mère ou père). Conflit de contenance cette fois, qui s'exprime par exemple ainsi pour un jeune homme: « est-ce parce que je suis un garçon ou est-ce parce que je suis un homme que j'appartiens au groupe masculin des potentiellement pères? ». C'est la puberté qui y répondra en créant le groupe des mâles (g∪P) et de même pour le groupe féminin des femelles (f∪M).

Alors, c'est l'articulation du conflit d'appartenance (en f∩M ou en g∩P), qui signe les identifications sexuelles primaires, et du conflit de contenance (en f∪M ou en g∪P), qui signe les identifications sexuelles adolescentes, que se joue l'identité sexuelle génitale de l'individu humain.

La question de la contenance tierce ne se joue plus alors à partir des personnes parentales, ni même à partir des images parentales, mais à partir de figures sociales sexuées. Le tiers-contenant qu'est d'abord le foyer, puis la famille, peut alors aussi être ce qui le contient lui-même, adolescent comme personne génitale, et où mâles et femelles forment des groupes organisés : la civilisation qui actualise la forme sociale « normalisée » pour lui.

11) **La clinique de la contenance tierce**

L'organisation du psychisme d'une personne ou d'un groupe, ou bien encore des deux ensembles comme on l'a vu avec l'approche de René KAES, amène à s'interroger sur la rencontre entre un modèle, fut-il dynamique, et des sujets en évolution, que celle-ci soit normale ou pathologique.

Qu'apporte cette vision d'articulation de contenances psychiques dans l'observation et le soin aux personnes humaines? Comment peut-on repérer les effets de l'utilisation du modèle dans les domaines du collectif et de l'individuel?

C'est d'une clinique dynamique qu'il s'agit ici, tant dans l'observation d'un développement, d'une structuration, concernant un sujet dans son environnement, que dans l'approche d'une proposition de soins adaptés à une évolution singulière.

La clinique de la contenance est celle des limites et des lois de composition interne dans le contenant considéré. Celle qui concerne la contenance tierce est celle des confrontations, des superpositions, de certains conflits comme on a pu l'entrevoir plus haut, en rapport avec ces limites et ces lois.

C'est d'abord en termes d'illustration que les observations cliniques viendront préciser la place du modèle de la contenance dans l'approche d'une personne. C'est ensuite le regard sur des cas cliniques qui permettra de voir comment le modèle de la contenance tierce peut être utile, tant dans la compréhension de problèmes d'articulations psychiques intrapersonnelles ou interpersonnelles, que dans la proposition d'orientations pour l'évolution de la problématique rencontrée.

Seule la clinique amènera une dimension pragmatique à cette idée de l'articulation des contenances sur le plan psychique. Elle deviendra un cadre de référence, elle sera un tiers-contenant pour les psychistes dans la compréhension de ce modèle. Certains y verront un intérêt, d'autres non. D'autres encore en percevront un seulement partiel, dans des situations très spécifiques.

Y aura-t-il alors émergence d'un nouvel outil, d'un nouveau relief, d'un nouveau motif sur la toile clinique de l'approche des faits psychiques ? chacun trouvera le contenant qui lui convient pour se situer et répondre.

Pour ma part, je me suis attaché à des observations et des propositions que ma pratique m'a permises, renvoyant au terrain d'investigation, à la confrontation entre l'imaginaire du clinicien et une réalité perçue de la problématique psychique de sujets en souffrance ou en interrogation. Nul doute que, là aussi, la dimension symbolique a à trouver sa place et que la sémiologie psychique pourra faire place à un code nouveau pour et dans la technique des praticiens. La pratique est toujours le lieu de la réflexion, pour un retour sur la théorie.

VII ASPECTS CLINIQUES

L'éclairage clinique de problématiques et de certains cas qui peuvent les illustrer, permettra une compréhension plus précise de l'utilité du modèle de la contenance tierce dans la pratique psychique. Mais pour une meilleure discrimination des situations, nous évoquerons au préalable quelques exemples de contenances moins complexes dans leurs articulations.

Chaque fois, il sera intéressant de distinguer des exemples dans l'individuel et dans le collectif.

1) La contenance simple

Elle renvoie à la question de **l'existence** même, par rapport à un contexte, notamment à la vie d'un organisme.

1-1 AU NIVEAU INDIVIDUEL

C'est la question clinique de l'apparition de la vie qui l'illustre chez l'être humain. Elle est très discutée aujourd'hui, et fait l'équilibre avec celle de la mort clinique. L'organisme de l'embryon est un ensemble contenant, inclus dans l'organisme maternel. L'unicité et la vie du foetus, tout aussi inclus dans la mère, nous paraissent actuellement plus évidentes. La naissance traduit, elle, une différence physique plus « palpable » bien que le nourrisson n'ait pas de lui-même la sensation unitaire qui nous est habituelle psychiquement. Celle-ci apparaîtra plus tard.

1-2 AU NIVEAU COLLECTIF

C'est à ce niveau de contenance simple que se pose la question, par exemple, de l'existence des transsexuels. Les cliniciens s'opposent là sur la définition de la sexualité ou plus exactement de l'identité sexuelle d'un sujet : choix entre le sexe que l'on a et le sexe que l'on est, dit-on.

Quelle contenance assure une famille à ce niveau ? Globalement, la différence des sexes, dans la famille, fait apparaître un ensemble et son complémentaire. Dans la représentation ici l'ensemble des femmes (f) est dans la famille (F) et le complémentaire $C_F(f)$ est l'ensemble des hommes.

Le transsexuel revendique un changement d'ensemble d'appartenance, ce qu'on peut comprendre dans un désir individuel, mais qui ne s'intègre que si un groupe contenant l'accepte.

Le cas relaté ici est celui de Lio, une jeune femme de 26 ans qui, après un long travail sur elle-même, souhaite une opération chirurgicale qui vienne traduire complètement son choix personnel. Lorsque je reçois ses parents, sur proposition de Lio et de son psychiatre, ils sont profondément troublés par le choix de leur fille et braqués par sa dernière décision. Ils avaient fini par accepter son homosexualité, qui avait valeur essentiellement relationnelle pour eux, mais refusaient d'entendre parler de la transexualité, vécue sur le plan de l'identité propre, corporelle, et qui les renvoyaient à la leur, sans compréhension.

Leur réponse, en termes de contenance familiale, et d'un point de vue sexuel parental, était différente : la mère refusait à sa fille le contenant masculin, disant « pour moi elle sera toujours une fille, **ma** fille » c'est la contenance de la féminité qui est ici mise en jeu. Le père avait dit « si elle se fait opérer, elle n'est plus ma fille » voulant dire qu'il la répudierait et qu'elle ne ferait plus partie de sa famille. Ici, c'est la contenance familiale qui est mise à l'épreuve. Je ne sais si cette jeune femme est allée au bout de sa démarche, mais elle aura dû se trouver d'autres formes de contenance, ce qui n'est pas si simple.

2) <u>La contenance double</u>

Cet ordre de contenance renvoie non plus à l'existence mais plutôt à **l'origine** puisqu'une suite d'inclusions détermine une trame, spatiale ou temporelle, sur laquelle l'origine sera un repère.

2-1 AU NIVEAU INDIVIDUEL

Il ne semble pas exister de contenance double au niveau d'organismes vivants de même nature. En tout état de cause, ce n'est pas le cas chez les humains. Par contre, il se peut qu'un autre organisme vivant, d'une autre espèce, « habite » un corps comme le font un virus ou une amibe par exemple, amenant souvent à un rejet ou au moins une défense du contenant corporel.

Si par contre on considère les cellules, on peut dire que la mère contient l'embryon qui lui-même contient toute cellule issue de la pénétration de l'ovule par le spermatozoïde. Cette double contenance est en plein dans la question des origines.

Cependant, si ce niveau de contenance ne concerne pas les individus humains, personnes physiques, il peut s'appliquer aux personnes morales. Une association contient en effet tous les établissements qu'elle a créés pour répondre à ses aspirations et chaque établissement a créé une ou plusieurs institutions qui ont chacune un but et un mode de fonctionnement défini, une équipe de personnes qui y travaillent, etc...

Ce processus hiérarchique d'emboîtement fait qu'il est quasiment impossible à une équipe institutionnelle d'interpeller directement le bureau du Conseil d'Administration d'une association. Je connais deux cas de ce type qui se sont produits l'un dans le milieu social et l'autre dans le sanitaire et social. Chaque fois, à terme plus ou moins long et dans des circonstances plus ou moins dramatisées, les membres de l'équipe institutionnelle qui avaient été éléments perturbateurs de cet ordre, ont rapidement quitté l'établissement. On ne peut donc s'affranchir d'une contenance, fut-elle intermédiaire, sous peine d'exclusion. Précisons que dans des situations répétées de ce type, le président n'est pas plus à l'abri et peut lui aussi perdre son siège.

Cette contenance double est la base de tout système emboîté et notamment de toute hiérarchie où les contenances successives se renforcent l'une l'autre, jusqu'à rendre étrangers les uns aux autres, les individus qui se trouvent aux extrémités.

2-2 AU NIVEAU COLLECTIF

L'exemple le plus parlant est encore celui de la cellule familiale. Ainsi, on peut dire que l'ensemble des éléments sexués d'une fratrie, par exemple « les filles », est inclus dans l'ensemble sexué des personnes de sexe féminin de la famille (les femmes), lui-même inclus dans la famille (F). Ici, c'est de la lignée dont il s'agit. Ce qui renvoie aux origines, dans un groupe déterminé, relativement au lien filial.

On a alors bien une contenance double : $fi \subset e \subset F$ avec, complémentairement, $C_F(fi)$= parents et frères et $C_F(fe)$= père et frères (les hommes) ; $C_{fe}(fi)$= Mère.

Cette idée de hiérarchie ou de lignée renvoie à la suite ordonnée des emboîtements de contenance, qui impliquent une direction, spatiale ou temporelle, et donc une origine sur cet axe.

Elle permet d'intégrer la question du (vrai) père, comme le montre le cas de Patrick. C'est un garçon de 9 ans qui consulte pour un éparpillement tant physique que psychique qui rend toute concentration difficile et le met en échec scolaire mais aussi relationnel puisque, « infernal », il use rapidement son entourage.
Il porte le nom de son père, qui l'a reconnu mais a quitté sa mère alors qu'il n'avait pas un an. Il a une soeur de 6 ans et un frère de 2 ans. Sa soeur, née d'une idylle passagère porte le nom de sa mère et son frère le nom du dernier concubin de la mère actuellement encore au domicile, c'est le 4ème depuis le départ du père de Patrick.
Si ce dernier a bien identifié qu'il était enfant et qu'il était garçon, que sa mère était sa génitrice, au même titre qu'elle l'est pour sa soeur et son frère, il montrera dans ses dessins que le père géniteur ne fixe pas la lignée paternelle des hommes.

Tous les hommes de la vie de sa mère, il les a appelés « papa » ou nommés par leurs prénoms. Il existe bien une suite d'hommes, mais pas d'origine. S'il est bien contenu dans le groupe des garçons (mâles et enfants), la lignée paternelle n'est pas fixée et la contenance du groupe des pères a perdu de sa force.

C'est à travailler sur l'image de ce géniteur, comme repère imagoïque pour les autres figures du père, que Patrick a pu élaborer une trame temporelle plus continue pour le garçon qu'il était, et pouvoir y prendre son temps.

3) **La contenance simultanée**

Cette contenance pose la question de la **différence.**

C'est à ce niveau que se développent les premiers aspects de la conflictualisation : interne, avec le clivage qu'induit la différence en soi-même ; externe, avec la perte que provoque la différence soi - autre.

3-1 AU NIVEAU INDIVIDUEL

Dans l'ensemble des personnes de sexe féminin d'une famille, deux contenants « mère » et « fille » sont séparés, différenciés par une génération. C'est seulement si cette séparation est complètement acquise que la contenance est réellement simultanée et sans confusion. L'interdit de l'inceste sera alors facile à repérer.

Quand la différence des sexes et celle des générations sont posées, l'ensemble des filles utilisera d'autres différences, d'abord dichotomiques puis ordonnées, pour amener à l'in-divis. Ce sont d'abord la différence d'âge puis les signes particuliers, comme c'est le cas pour les jumeaux dizygotes. Il faut aller encore un peu plus loin avec les monozygotes. Mais plus on avance et moins la force de contenance est grande.

Julie, à 7 ans, présentait déjà des rites obsessionnels de propreté très envahissants et exprimait dans ses cauchemars une angoisse de liquéfaction, qui lui revenait de manière traumatisante dans la journée, au point qu'elle ne pouvait rester en classe à l'école. Elle avait toujours eu des difficultés d'endormissement et sa mère restait auprès d'elle le temps qu'elle s'endorme. Quand elle avait deux ans, est né son petit frère et c'est le père qui a pris le relais de cette veille, dans une démarche de continuité de la réassurance de Julie. Mais à 7 ans cela durait encore. Le soir, le père venait s'allonger auprès de sa fille et rejoignait sa femme quand la petite dormait. Il se levait tôt et Julie ne le voyait donc jamais au lit avec sa mère. Lorsque ses dessins et les récits qui les accompagnaient ont été livrés à la famille entière, le secret de la nuit a été levé, les pratiques ont changé et l'angoisse a commencé à diminuer.

Le brusque remplacement de la mère par le père fragilisait la contenance parentale en tant qu'elle ne facilitait pas la différenciation sexuelle entre eux. Mais surtout la différence des générations n'était plus assurée dans l'ensemble des femmes puisque le père pouvait être supposé coucher avec sa fille.

L'affaiblissement des deux contenances amenait la simultanéité père-mère et mère-fille à ne plus être tout à fait une simultanéité, enclenchant un conflit intrapsychique important pour Julie.

3-2 <u>AU NIVEAU COLLECTIF</u>

L'exemple groupal le plus évident est celui des frères et soeurs. Dans une cellule familiale (F) deux ensembles distincts sont composés des filles (fi) et des garçons (ga).

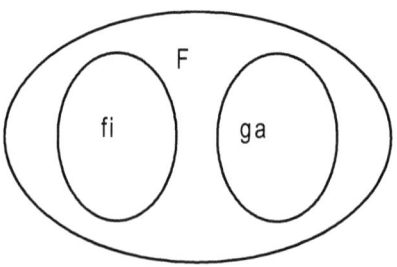

Ce sont deux sous-ensembles distincts donc en contenance simultanée. Ils ne le sont réellement que si la différence, dichotomique, des sexes est clairement établie dans la famille. Mais il faut souligner que la différence des générations pourra se jouer alors dans les complémentaires puisque $C_F(fi)$ est l'ensemble constitué par les parents et les frères et $C_F(ga)$ est l'ensemble des parents et des soeurs.

Dans un tel système, une comparaison se met en place sur ce qui distingue les deux groupes.

C'est ce qu'éclaire bien la notion de territoire. Dans un quartier, deux bandes distinctes avaient chacune leur territoire, contenant géographique de chaque groupe. Tant que ceux-ci ont suffi aux activités des groupes, que les variations du nombre des membres des deux bandes, les arrivées, les départs, sont restés équilibrés, que la cohésion des deux groupes a été réelle, la contenance est restée simultanée et forte.

Un jour, le chef d'une des deux bandes est arrêté et remplacé par un nouveau qui, rapidement, développe les activités du groupe, qui devient attractif et augmente progressivement ses troupes. Il arrive alors que le territoire est devenu trop petit pour assurer le maintien de la contenance. Il faut travailler son élasticité pour augmenter sa capacité.

Dès que le territoire de l'autre bande a été touché, c'est la résistance de sa propre contenance qui a été mise à mal. Ou bien, il se rétractait, réduisant son territoire en renforçant ainsi sa force de maintien de la contenance, les bandes restaient en contenance simultanée, il y avait simplement un réajustement, ou bien il résistait, la contenance n'était plus simultanée et le conflit éclatait. C'est ce qui s'est passé. La seconde bande a alors éclaté lorsqu'elle a été vaincue et ses membres se sont dispersés.

Cet exemple montre bien en quoi la contenance simultanée renvoie à la cohabitation dans la différence. On peut dire que dans cette situation de contenance il y a quelque chose en commun, la contenance dans le grand ensemble, mais aucun partage des sous ensembles.

4) **La contenance triple**

Elle correspond à la contenance double, mais avec un échelon supplémentaire. Si la première renvoyait à l'origine, celle-ci ouvre la question de la **dépendance**.

En effet, s'il est nécessaire de disposer d'un cadre pour accéder à l'autonomie, la superposition de cadres distincts augmente les conditions d'appartenance, l'ensemble devenant un carcan qui impose une forme de dépendance. La lutte implicite qui caractérise cette situation est celle pour la liberté.

4-1 <u>AU NIVEAU INDIVIDUEL</u>

Il n'existe pas de telle contenance, moins encore que de contenance double, au niveau de personnes physiques.

Au niveau des personnes morales, il est très difficile d'en trouver également, tant la rigidité de tels emboîtements amène des entraves et de fortes contraintes. Ainsi trouve-t-on des unions ou des fédérations qui sont des contenants pour des associations mais ils ne sont que des contenants partiels, renvoyant à la contenance tierce. A l'opposé, une équipe professionnelle, si elle est bien contenue par l'institution, puis l'établissement puis l'association, n'a pas le statut de personne morale et n'est qu'un groupe, même s'il lui arrive d'agir « comme un seul homme ».

4-2 <u>AU NIVEAU COLLECTIF</u>

Concernant les groupements, on se trouve dans le modèle hiérarchique. L'exemple familial amène ici à distinguer des caractéristiques moins stables que les premières.
Ainsi, dans le groupe familial est contenu le groupe de sexe féminin, lui-même contenant le groupe des filles. La triple contenance distinguera un nouvel ensemble contenu par ce dernier, distingué par un signe, par exemple les filles brunes (signe génétique), ou celles qui sont adolescentes (signe d'âge), ou sportives (signe d'activité) etc...

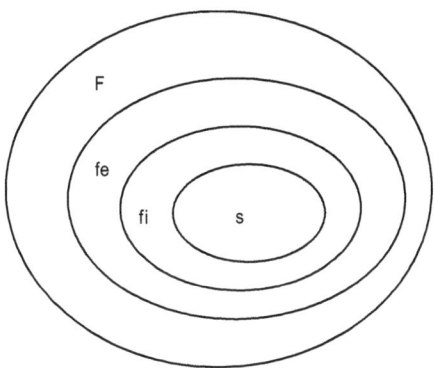

Karine ne consulte pas, elle est rencontrée dans le cadre d'une sélection pour entrer dans une école de travail social. C'est une jeune (femme) de 23 ans, au visage féminin, qui se dit volontiers « garçon manqué ». Ce « manqué » qui renvoie à ses géniteurs, elle le corrige en ayant une allure, une gestuelle, un discours très masculinisés. Ce qu'elle laisse voir des caractères sexuels secondaires, extérieurement donc, se veut garçon/homme, mais cela ne s'applique clairement, et dans ce qu'elle en dit nettement, qu'à ce niveau de contenance extérieur qui souligne le côté féminin combattu. Cela ne touche en rien son identification sexuelle féminine, ni sa place de fille dans la famille, ni bien sûr son appartenance à cette famille et son identité. Cela ne touche qu'une certaine « contenance », dans le sens d'une apparence sociale, qu'elle ne montre qu'à l'extérieur, mais ne tient pas au fond d'elle-même. Si le soi social est ici touché, le soi psychique, au sens de KOHUT, n'est en rien concerné.

On voit dans cet exemple qu'il n'y a pas eu de contamination des problèmes de contenance, aux niveaux successifs comme c'était le cas de Lio qui, elle, remettait en cause une sexualité globale, une contenance stable, au niveau de son identité et dont les parents remettaient en cause l'appartenance à la famille. Plus la pluralité de la contenance est grande, plus les niveaux de force de contenance s'affaiblissent parce que l'ensemble devient trop contraignant, imposant une forte dépendance elle-même très intense au total, et cela oblige à développer des défenses de même exigence, en termes de travail psychique et de mobilisation personnelle.

5) **La contenance tierce**

Celle-ci on l'a vu supporte la nécessité d'une partition des ensembles et pose cliniquement la question du **partage**.

Cette notion de partage amène alors des questions de rivalité, d'identification et de concurrence. Ce conflit là peut pourtant donner lieu à la définition d'un accord, d'une ligne de partage, d'une forme symbolique d'accordage qui puisse le rende vivable.

5-1 SUR LE PLAN INDIVIDUEL

Le partage est chose difficile et on a vu que, sans texte, pacte, alliance, traité, la nécessité de l'identification propre, mais aussi de la différenciation, amènent des conflits, des confrontations, voire des absorptions, ou même des éclatements de contenants.

a) L'exemple humain physique

Le plus clair des exemples est celui des foetus siamois. Inclus dans la mère, ils ont une partie propre et une partie commune. Dès la naissance, les intervenants font le maximum pour optimiser une « séparation » des deux nourrissons, quand c'est possible bien sûr. Je n'ai pas d'exemple clinique à évoquer ici, mais seulement à repérer que l'angoisse de chacun est mobilisée chaque fois qu'un tel cas se présente. Il est médiatisé et dramatisé, renvoyant non pas à la castration, mais au moi lui-même et à sa non finitude. Le Moi-peau, cher à D. ANZIEU, est ici rompu volontairement dans une sorte de combat à la vie - à la mort. Il est d'ailleurs fréquent que ces enfants meurent rapidement.

b) Sur le plan psychique

Les choses sont moins dramatiques parce que tout un chacun est passé par le partage, la séparation, la fêlure, la souffrance et le dépassement de la crise que cela déclenche.

Carmen a 30 ans et elle est enceinte. Elle vient me voir parce que depuis qu'elle est enceinte, elle fait des cauchemars. Son « bébé » est en elle, elle commence à le sentir bouger, à envisager sa naissance et la vie avec lui ; musicienne elle lui fait écouter de la musique etc... . Le partage est là mais sans fusion totale. Le problème se pose plutôt au niveau de la cellule familiale c'est-à-dire du contenant social et affectif où cette vie va se développer. Carmen vit avec son ami, le père du futur bébé, depuis quelques années. C'est leur premier enfant. Tant qu'ils étaient tous les deux, tout allait assez bien, de la même façon que la relation mère - nourrisson est envisagée sereinement.

Le problème n'est pas de savoir qui est le père, c'est clair. La vraie question est celle de « l'homme de sa vie ». La confusion s'établit sur le complémentaire de l'union mère - foetus dans l'ensemble du foyer familial. Les évocations sont celles d'un premier ami connu à 16 ans, celle de son père qui l'a amenée à s'en séparer, celle de sa propre maison, bâtie sur un terrain parental, juste à côté de ses parents.

Quel est le contenant de référence ? Celui du foyer de ses parents, celui de son couple imaginaire brisé à 16 ans et resté idéalisé parce que le père a empêché la désillusion, ou celui où elle vit actuellement. Le temps devient confus, l'espace parfois aussi, les personnages se substituent les uns aux autres et elle angoisse, déprime et se perd. Elle ne souhaitait pas faire une psychothérapie, juste un « travail sur elle-même ».

Elle était venue chercher un cadre extérieur pour lui servir de base pour penser la contenance, celle qui lui convenait et qui était la vraie, celle qui pourrait recevoir le bébé sans ambiguïté.

c) Au niveau des personnes morales

Des services différents

Lorsqu'une association crée deux établissements distincts, tout en mettant en commun certains services que les établissements devront donc se partager, elle provoque une situation de contenance tierce où elle jouera le rôle de tiers-contenant. Le partage et la mise en commun contraignent les établissements à s'accorder en référence à l'association.

« A » est une association qui oeuvre dans le secteur médico-social. Elle a créé 3 C.A.T. (centre d'aide par le travail) distincts. Chaque fois que des moyens étaient attribués à l'un d'eux, les autres se sentaient lésés. Les directeurs étaient en grande rivalité, parfois même en conflit ouvert. L'énergie dépensée à ces oppositions amenait chacun des C.A.T. à être en perte de vitesse, tant dans le fonctionnement que dans l'organisation.

« A » devait expliquer, justifier et, même lorsqu'au bout de quelques années il était prouvé que l'équilibre était respecté, les directeurs continuaient à se heurter. « A » a alors choisi de n'avoir qu'un directeur pour l'ensemble des trois C.A.T.

Cette façon de trancher a supprimé l'opposition des directeurs, mais pas celle des contenants, et les C.A.T. sont restés rivaux. Ici, seul un pacte peut poser clairement la question du partage et permettre des réponses structurantes.

Articulation du politique et du technique dans une association.

Nombre d'associations ayant des activités développées ont engagé des professionnels pour réaliser les missions qu'elles se sont données ou qu'elles exercent au nom d'un service public. Dès lors, de fait, dans chaque association se distinguent le groupe des adhérents, porteurs des valeurs et idéaux de l'association, et le groupe des professionnels, qui remplissent les fonctions pour lesquelles l'association s'est engagée.

Certains des professionnels, salariés des établissements ou services créés, sont membres de l'association puisqu'ils sont attachés à elle par contrat. Certains des adhérents, élus par les membres « actifs » de l'association, ont une fonction définie dans l'organisation en tant que membres du Conseil d'Administration. En termes de droit du travail, les uns sont le groupe des salariés et les autres sont le groupe employeur. A l'intérieur de chacun de ces groupes existent des hiérarchies et des représentations liées aux fonctions politiques d'une part (président, trésorier, secrétaire, bureau, commissions …) et aux fonctions techniques d'autre part (directeur, chef de service, différentes professions régulées).

Les complexifications et diversifications touchent souvent davantage le technique que le politique et cela amène parfois à ce que le politique soit un peu « à distance » des réalités de « terrain ». On voit alors se développer des organigrammes très denses, tant horizontalement que verticalement, et les directeurs sont alors amenés à être les interlocuteurs privilégiés de l'extérieur parce qu'ils connaissent mieux les rouages internes mobilisés par les actions mises en œuvre.

Certains dysfonctionnements peuvent alors naître de confusions de rôles ou de places.

Les deux contenants les plus en superposition et en interaction sont le bureau, du côté politique, et le conseil des directeurs du côté technique. Ils représentent en fait le Conseil d'Administration et les acteurs techniques que sont les professionnels.

La contenance tierce voit donc se confronter ces deux sous groupes à l'intérieur de l'association qui est le tiers contenant, le plus souvent actualisé par l'Assemblée Générale.

Dans la plupart des cas, le président et le directeur général sont les éléments qui, par leurs fonctions, peuvent représenter l'articulation associative du politique et du technique, c'est pourquoi il s'agit toujours d'un binôme essentiel et que leur coopération doit être la plus aboutie.

Mais le président n'est pas un technique et le directeur général reste un salarié.

L'intersection des deux sous groupes est faite de leur superposition et reste souvent virtuelle. La personne qui porte le plus souvent cette fonction articulatoire est en fait le directeur général car il est à la fois directeur des directeurs (directeur général) et directeur d'association. Il assiste aux réunions de bureau et anime celles du conseil des directeurs.

L'intersection est alors parfois réduite à sa seule personne et l'association devient alors une véritable PME avec une sorte de PDG, reléguant le conseil d'administration à une « chambre d'enregistrement » comme il est souvent dit.

La contenance tierce permet d'une part de distinguer l'intersection politique - technique de la seule fonction du directeur général et d'autre part de mettre en évidence un groupe souvent non apparent dans la réalité : celui de la réunion politique - technique qui englobe le bureau et le conseil des directeurs.

C'est la réunion des deux sous groupes qui contient de manière « simple » leur intersection, le plus souvent mise en actes par le directeur général, qui pourrait alors contrôler ce dernier.

Lorsqu'il y a conflit entre bureau et conseil des directeurs, les tiers éléments sont les adhérents, et souvent concrètement l'instance qui les représente, le conseil d'administration.

Il existe pourtant un rouage institué qui organise certains des liens entre politique et technique, plus précisément dans leur rapport aux droits du travail, c'est le comité d'entreprise. Il regroupe en effet des représentants des salariés et le président du conseil d'administration ... qui est aussi président du comité d'entreprise, et cela en présence du directeur général ... qui est aussi salarié. C'est donc un rouage ambigu et limité qui ne peut suffire à observer les articulations associatives.

On comprend alors combien il est important, et même essentiel, que des textes régissent ces rapports, les représentations et délégations qui jalonnent la vie d'une association comme personne morale.

5-2 SUR LE PLAN COLLECTIF

a) La cellule familiale

Reprenons l'exemple de la cellule familiale (F) et considérons les sous-ensembles enfants (e) et femmes (f) (personnes du sexe féminin). On a alors :

$e \cap f$: intersection des enfants et des femmes : ce sont les filles (soeurs)

$e \cup f$: union des enfants et des femmes : c'est la mère et ses enfants.

Les complémentaires sont :

$C_F(e)$: complémentaire des enfants dans la famille : les parents

$C_F(f)$: les hommes (personnes du sexe masculin)

$C_F(e \cap f)$: parents et frères

$C_F(e \cup f)$: père

$C_e(e \cap f)$: garçons (frères)

$C_f(e \cap f)$: mère

C'est typiquement la situation oedipienne, où chaque configuration est un ensemble contenant et où la contenance articule les différences des sexes et des générations. Ce sont leurs fondements dans la famille qui font la force de contenance de chaque ensemble.

Sylviane a 15 ans quand elle parle à sa copine du fait que son père vient la rejoindre assez régulièrement dans son lit la nuit. Il a déjà fait cela avec sa soeur aînée et lui a expliqué que c'est à lui, comme parent, d'enseigner à ses filles la sexualité, donc tout cela lui paraît très normal mais Sylviane se sent mal à l'aise. D'abord un peu surprise et inquiétée par la réaction de sa copine, elle sera ensuite outrée par la réaction agressive des services sociaux et judiciaires, puis culpabilisée par l'incarcération de son père.

Pourtant, au fond d'elle, elle sentait bien qu'il y avait quelque chose de bizarre, c'est pour ça qu'elle en a parlé à sa copine. Il a fallu du temps pour qu'elle intègre que l'interdit avait une vraie place, mais sa culpabilité sourd toujours au fond d'elle-même parce que les contenants familiaux n'avaient pas établi la base qui lui était nécessaire pour comprendre et assumer sa propre place.

Ce que le père, par ces agissements, laissait entendre à ses filles c'est que, sur le plan sexuel, il n'y avait pas de différence, pour lui, entre sa femme et ses filles. La contenance du groupe « fille » ne s'exerçait pas dans le cadre de la sexualité, pourtant sa mère était bien sa mère et son père était bien son père. En rompant la relation femme - père qui existait entre eux, on cassait aussi la relation père - fille, ce qu'elle supportait mal.

Ce n'est qu'à condition que la force de contenance d'un cadre contenant soit suffisante qu'une séparation peut être acceptée.

b) Les associations

Dans le cas des associations, c'est par exemple la notion de secteur que la contenance tierce permet de mettre en exergue. Ce que l'on appelle secteur, dans le sanitaire, le social ou le médico-social notamment, correspond à un type d'activité défini, un contrôle financier exercé par certains pouvoirs publics, une culture nationale, régionale et départementale de prise en charge des problèmes de maladie, d'inadaptation, de handicap, etc.

Les groupes de directeurs

A l'heure des restrictions budgétaires, des évolutions démographiques également, et notamment dans le cadre de la prise en charge sociale des jeunes, les directeurs d'établissement ont souvent tenté de se réunir pour faire face ensemble aux décisions des pouvoirs publics. C'est là un effet de groupement qui est resté assez inefficace, n'empêchant pas, par exemple, la fermeture de certains établissements. L'analyse de la contenance tierce éclaire ici ce qui a pu se passer.

D'abord, les réels initiateurs sont les associations et non les établissements qui n'en sont que les outils, c'est donc les associations qui auraient dû créer la structure qui puisse les inclure partiellement avec une appartenance conditionnelle faisant l'objet d'un accord écrit et permettant un positionnement réel pour chacune vis à vis du groupement. Ensuite, cet ensemble partitif aurait dû être officiellement contenu par le secteur pour que l'effet tiers puisse avoir lieu.

Un groupement de directeurs n'est en général pas reconnu comme interlocuteur par les services publics. Aucun effet tiers ne peut alors se jouer vraiment. Ce que l'on nomme aujourd'hui partenariat, nécessite une inscription dans un cadre contenant pour avoir un réel poids. Hors de ce genre d'étayage, cela ne reste qu'un mot, une justification ou un leurre.

Plus encore au niveau collectif, où les contenus sont souvent eux-mêmes des contenants, l'approche des contenances et de leurs articulations semble essentielle pour analyser et comprendre les événements qui s'y déroulent. Chaque fois que des conflits se font jour, c'est la contenance tierce qu'il faudra repérer et c'est elle qui pourra servir de base à l'élaboration de cadres, de textes, de pactes, d'alliances, de constructions évolutives qui permettent un développement des idées et surtout des actions.

Les groupements d'associations

Depuis quelques années, on demande aux associations de se regrouper pour faire des économies d'échelle et diminuer les charges de gestion. Les groupements d'intérêt, que celui-ci soit économique ou public voire européen, présentaient l'inconvénient pour les associations à but non lucratif de centrer le groupement sur la notion « d'intérêt » souvent connoté de valeurs financières. On a alors créé les groupements dits de coopération sociale, mais globalement avec les mêmes bases de fonctionnement. Il s'agit toujours de viser des économies financières, en oubliant la dimension humaine et militante des associations ce que j'avais évoqué en 95 avec la notion de groupement d'intérêt social qui reprenait la dynamique associative en compte (Perrouault, 1995).

Tous ces groupements et autres syndicats ne proposent en fait que la création d'une nouvelle structure qui en chapote au moins deux autres. Lorsque ce « chapotement » est très important les structures d'origine finissent par n'avoir plus aucun poids et parfois même disparaissent.

En réalité, on n'organise dans ces articulations de structures que ce qui est mis en commun et les moyens que chaque structure donne à la nouvelle, perdant des éléments de sens profond pour les décisions et dans les orientations à prendre.

L'approche de la contenance tierce permet de distinguer ce qui est commun aux deux associations, ce qui leur est propre et ce qui les caractérise ensemble. Il est alors vite compréhensible qu'elles doivent être du même secteur d'activité pour qu'existent des tiers éléments, que leur « réunion » doit apparaître autant que leur « intersection » pour que les articulations se jouent et puissent être régulées.

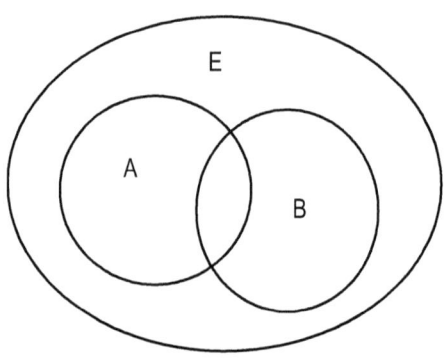

Si E est le secteur d'activité des associations, A une des associations et B l'autre, il faut que le « groupement » tienne compte non seulement A∩B mais aussi A∪B. Les textes organisateurs de cette articulation devront alors définir les modes de fonctionnement de l'ensemble formé par l'addition des deux associations, leur réunion, et ceux de leur communauté, leur intersection. Ils devront en outre organiser les rapports d'inclusion entre l'intersection et la réunion. Lorsque des conflits interviendront entre les associations, les éléments du tiers contenant devront avoir des références pour permettre de dépasser ces crises.

On voit bien la complexité des articulations associatives, mais c'est au prix de ces développements que chacune pourra à la fois bénéficier de cette alliance et à la fois garder son identité. Les appartenances ou affiliations de l'une ou de l'autre trouveront leur place dans le tiers contenant et pourront jouer un rôle clair et reconnu parce que repéré, précisément dans ce contenant.

c) Les institutions

Deux exemples, issus de la pratique, de ce qu'est et n'est pas la contenance tierce en institution permettront de bien comprendre. Tous les deux sont tirés du travail d'une équipe de secteur extra hospitalier de psychiatrie adulte, à laquelle je participe alors en tant que psychologue, notamment au niveau de la réunion hebdomadaire d'analyse des prises en charge et des problématiques ou de rencontre avec d'autres intervenants.

Contenance tierce :

La réunion d'équipe est le lieu de parole de l'équipe. Elle est tiers comme référence, énoncée comme telle au premier contact avec un patient sur le secteur extra hospitalier.

Le travailleur de santé mentale intervient suite à une demande le plus souvent extérieure à l'équipe et rencontre un patient chez lui. La relation duelle est établie, sans contrôle exercé par celui qui en a fait la demande, sauf si c'est un psychiatre du secteur. Sans murs, le travailleur de santé mentale est seul face au patient. L'équipe est alors présentée comme :

- lieu où la parole est dite
- groupe où l'analyse est faite
- groupe où une orientation est envisagée.

Le patient, son histoire et ses symptômes, ainsi que le travailleur de santé mentale sont alors inclus dans le contenant « secteur », qui devient tiers-contenant de parole, de soins, de relations etc... le tiers-élément est l'équipe, plus précisément l'un de ses membres qui y prend la parole.

Non contenance tierce :

Une institution sociale « I » accueille des personnes en difficulté sociale et, parmi celles-ci, des personnes lui semblent porteuses de pathologies psychiques. Elle fait alors une demande d'intervention au C.M.P. (centre médico-psychologique) pour l'aider à décider la personne à consulter ou quelque chose de cet ordre... elle demande alors l'intervention de l'institution C.M.P. pour l'aider à réaliser cela.

Mais le C.M.P. ne contient pas l'institution « I« , le secteur psychiatrique du C.M.P. ne contient pas l'autre institution sociale qu'est « I » et ne peut intervenir sans ingérence fort gênante dans cette institution elle-même. La complémentarité, quand elle existe, se limite alors aux relations duelles, d'individu à individu et pour une personne déterminée. La collaboration ne peut être que ponctuelle.

Ces exemples simples montrent qu'il ne suffit pas d'être personne extérieure pour être tierce personne et que la référence à la contenance tierce peut éviter certains écueils, dus à de mauvaises analyses et interprétations. Etre ou venir d'ailleurs n'amène qu'un risque de non investissement, c'est d'une autre contenance dont il doit s'agir et un contrat doit l'énoncer.

VIII – **PERSPECTIVES ET PROPOSITIONS**

A partir de cette approche, il peut être intéressant de proposer de nouveaux points de vue dans l'analyse des difficultés rencontrées sur le terrain. C'est en particulier dans le domaine des confrontations de groupe, de contenance, que cette approche peut être éclairante. Il s'agit alors de passer d'une perspective en « méta » à une proposition dans « l'inter ».

1) **La contenance tierce dans l'interculturel et l'intergénérationnel**

On a compris que la contenance tierce renvoie à une confrontation, sinon un conflit d'appartenance, pour les éléments, ou un conflit de contenance pour les sous-ensembles.

Après avoir évoqué quelques cas cliniques qui éclairent les questions de contenance sur le plan psychique, il peut être enrichissant de faire quelques propositions et hypothèses concernant des confrontations qui sont aujourd'hui souvent repérées comme inductrices, voire génératrices, de pathologies ou au moins de situations et de vécus de souffrance.

Les confrontations que l'on va repérer renvoient toutes deux à des aspects symboliques partiels, l'un dans la métaphore et l'autre dans la métonymie. Il s'agit, pour la première, de la confrontation de deux cultures, amenées à ce que l'une remplace l'autre et, pour la seconde, de la confrontation de deux générations, ou l'une succède à l'autre.

2) **La contenance tierce et le générationnel**

Au niveau <u>familial</u>, on a déjà observé, au travers des questions de conflit narcissique d'appartenance, de conflit d'identification sexuelle primaire, de conflits adolescents, les confrontations entre parents et enfants dans la succession des générations.

Les attributs paternels sont, dans le foyer, les tiers-éléments qui permettent les jeux de contenance et décontenance entre mère et bébé. Les tiers-éléments, dans l'identification sexuelle primaire, sont les membres de la famille et de l'autre sexe. Ceux de l'identification génitale de l'adolescence appartiennent à la famille d'abord, puis aux groupes sociaux actuels de l'environnement des jeunes.

Ce qui confronte jeunes et adultes est une relation intergénérationnelle dans le sens où chaque génération a une approche particulière, se distingue de l'autre, et où, pour autant, un lien les unit.

Qui alors, pour être tiers-élément, n'est ni jeune ni adulte, sinon quelqu'un qui n'appartient pas aux deux générations successives? Soit il est choisi dans la famille élargie, c'est un « éloigné », et on lave le linge sale en famille, soit il est pris en dehors, c'est un « étranger » à la famille et on fait appel plutôt à un spécialiste, le tiers-élément est toujours « extérieur », mais il est nécessaire de préciser la contenance qu'il mobilise alors.

Dans le sens <u>social</u> du terme cette fois, le générationnel confronte, dans la coprésence actuelle, des générations différentes : celle du « baby boom », celle des « trente glorieuses », celle de la « crise », etc. ...

Autrefois, on faisait appel au « sage », un ancien, pour être une référence, donner un avis ou trancher entre deux positions. C'était sa richesse d'expériences qui importait, même s'il n'avait plus de potentialité. Aujourd'hui, on oublie cette fonction et, à l'inverse, on s'intéresse aux bébés, qui n'ont aucune expérience, mais dont on recherche activement toutes les potentialités et même les « compétences ».

Les tiers-éléments sont donc ceux d'avant (les bébés) ou ceux d'après (les sages), dans la confrontation de générations coprésentes et le plus souvent consécutives où les actifs sont les jeunes et les adultes (J$\cup$A), tandis que leur intersection (J$\cap$A) est représentée par une classe d'âge charnière : l'adolescence. Il en va de même ensuite pour la crise du milieu de la vie, le passage à la dépendance sénescente, etc.

Le tiers-contenant est le groupe actuel des individus vivant au même moment, dans un même lieu. On gagnerait sans doute à réécouter les sages ...

3) **La question de l'interculturalité**

Les confrontations de cultures ont toujours existé. Au travers des invasions, des croisades, des migrations, le « melting pot » n'est plus un cas d'espèce. Si le XIXème siècle était colonisateur, obligeant les indigènes à s'accommoder pour correspondre aux colons, le XXème siècle a été travailleur, les autochtones attendant des étrangers qu'ils s'assimilent à eux.

Bien entendu, la rencontre entre deux cultures a besoin, pour être pensée, d'être symbolisée. Les liens et différences doivent donc alors être repérés.

Après avoir prôné l'annulation pure et simple de l'une des cultures qui devait se sacrifier pour s'intégrer à la culture dominante, on a fait référence à une cohabitation simple des différentes cultures, amalgamées, sans contenant global.

En ce qui concerne la pathologie psychiatrique liée pour certains patients, au moins partiellement, à ces problèmes d'interculturalité, on est passé de la seule compréhension du patient au travers du modèle classique ancien, associé au lieu de vie, à une complète transposition où la compréhension devait passer par la seule « culture d'origine » de la personne en question.

On est donc passé d'une contenance double à une contenance simultanée, sans repérer de tiers-contenant.

Aujourd'hui, on en vient à des positionnements plus nuancés, prenant en compte simultanément la culture d'origine (Co) et la culture locale (Cl). Mais comment articuler alors ces deux contenants?

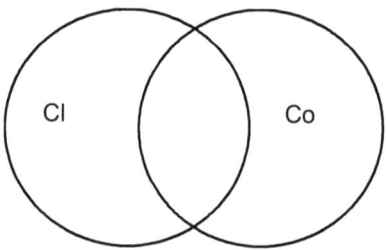

A considérer essentiellement la culture locale, on ne peut prendre en compte qu'une intersection (Cl∩Co), en tendant à ce que Co soit contenue dans Cl. Mais si l'on s'intéresse surtout à la culture d'origine, c'est exactement la même chose, avec une priorité inverse (Co∪Cl). Seuls les éléments communs aux deux cultures peuvent être considérés, avec une priorité d'appartenance à l'une ou à l'autre. On maintient tout de même une question d'appartenance non symbolisée, qui ne permet pas d'inscrire la problématique dans un conflit repérable et favorise les déplacements.

La contenance tierce, au niveau culturel, ne pourrait être exercée que grâce à une supra culture qui contienne toutes les autres, ce que tente sans doute aujourd'hui la mondialisation qui se développe, actuellement sur le modèle occidental. Mais sommes-nous encore dans la culture?

Les problèmes vécus par quelques adolescents d'origine étrangère relèvent-ils du culturel, et uniquement de lui? Si cela était vrai, la contenance nous obligerait à poser que tout adolescent d'origine étrangère, tout individu contenu dans ce type de contenant et confronté à ces questions de superposition, aurait ces problèmes, ce que l'on sait faux. Identifier les contenants et leur contenance est alors un préalable pour poser une problématique, que ce soit sur le plan clinique ou social.

4) **Culture, civilisation et société**

Les difficultés que présentent les individus, qu'elles relèvent de la justice (délinquance) ou de la santé (maladie), apparaissent relativement à la société, au groupe dans lequel vivent ces personnes. C'est ce groupe là, ce contenant là, qui est alors mis à mal dans sa capacité de contenance. C'est cette fragilité sociétale qui amène à faire référence à un contenant plus large pour assurer une contenance plus efficace. Faut-il pour autant en référer au contenant le plus large, au risque de se tromper de problématique? L'approche de cette question par la contenance tierce permet de relativiser les perspectives.

Il faut préciser ici quelques définitions de ces groupes, ces ensembles que nous citons, en référence au dictionnaire et aux acceptions les plus larges.

- Une *société* est un groupe uni par une communauté de lois ou de contrats.
- Une *civilisation* est l'ensemble des caractères propres à la vie intellectuelle, artistique, morale, matérielle d'un pays ou d'une société.
- Une *culture* est l'ensemble des acquis mentaux existentiels d'un groupe humain.

Si culture et civilisation ont souvent été confondues, elles n'en sont pas moins séparées par des différences essentielles : la civilisation renvoie à un état actuel de caractéristiques, de fonctionnements, tandis que la culture est la somme des acquis sociétaux et de civilisation. La dimension temporelle de cette différence est alors fondamentale à prendre en compte pour penser la question de la problématique dite de « l'interculturalité ».

Une culture est une somme historique et mythique, associée à un peuple et à un lieu. C'est un acquis du passé qui n'est ni déformable, ni réductible à un autre, fut-il plus développé dans certains domaines.
La confrontation de deux cultures, dans l'approche de la contenance tierce, amène à considérer leur intersection, c'est-à-dire l'ensemble des éléments communs aux deux cultures, et leur réunion, représentant la somme des acquis des deux cultures ensemble, qui présente alors à l'intérieur certaines incohérences ou certains paradoxes.

Une civilisation est l'état actuel du fonctionnement du groupe. C'est un présent qui se déroule sans cesse et évolue en permanence, alimentant l'enrichissement de la culture sur laquelle il s'étaye. Les caractéristiques de la civilisation évoluent. Certains, comme Alfred WEBER, pensent qu'elle se développe de manière sinusoïdale, alternant progrès et régression, voire déclin. Ce développement peut atteindre une apogée, qui est alors une image figée de « la » civilisation (par exemple hellénique), puis se transformer radicalement.

Si l'on peut parler de confrontation, ou plutôt de cohabitation de culture, il semble plus justifié de garder le terme de « choc » pour la rencontre, actuelle et présente, de deux civilisations. Ce sont les réalités des caractéristiques et des fonctionnements qui, dans ce cas, se rencontrent et se heurtent quand elles sont trop différentes.

Les caractéristiques communes de l'intersection des civilisations font, des hommes qui les agissent, des éléments égaux. Au travail, la tâche est la même pour un autochtone ou un étranger, qui est souvent venu pour cela dans le pays d'accueil.

La réunion de deux civilisations est l'ensemble amalgamé des usages et des caractéristiques des deux groupes. C'est à ce niveau que les rencontres enrichissent les individus, leurs groupes et leur culture. C'est aussi à ce niveau que se heurtent les incompréhensions. Dans la famille, chacun garde ses modes de vie et de relations, amenant parfois des effets extérieurs anachroniques, ou bien des ghettos qui construisent des sous-groupes fondés sur des données culturelles figées, images arrêtées d'une civilisation parfois quittée depuis longtemps et qui n'évolue plus comme elle le fait dans le pays d'origine.

Une société est le groupe actuel où se jouent les échanges humains, garantis par des lois valables pour tous. Là, les anachronismes, extériorisés par des individus ou des petits groupes, débordent parfois les règles et la loi de la société locale, quand une civilisation se trouve être en décalage avec ces lois. La société, en mettant en place des règlements et des garde-fous, oriente l'évolution de la civilisation pour un avenir plus ou moins proche. Ces lois définissent des directions obligées pour tout le groupe où chacun, dans une démocratie, est citoyen.

La rencontre de deux sociétés c'est la rencontre de deux systèmes complexes. Elle ne peut se faire qu'en terme de règlement sur les règlements c'est-à-dire sur des « accords » ou des « conventions » bien définis.

L'intersection de deux sociétés, c'est le groupe des personnes qui appartiennent en même temps aux deux sociétés et peuvent suivre les lois qui sont communes aux deux groupes. C'est le cas dans les rencontres internationales, politiques, scientifiques, artistiques, sportives, etc.... La communauté de lois permet à ce groupe de personnes d'exister et d'agir.

La réunion de deux sociétés, c'est l'ensemble de toutes les personnes qui appartiennent à l'une ou l'autre des sociétés, ensemble garanti par les lois de ce groupe. Mais ces lois ne peuvent pas être la somme des lois des deux sociétés, car elles ne garantiraient rien dans la mesure où certaines seraient de véritables doubles injonctions paradoxales. À nouveau, c'est la communauté de lois qui permet l'existence de cette réunion d'ensembles.

L'exemple de la communauté européenne est ici intéressant : l'élaboration, à l'aube de du XXIème siècle, de l'Europe comme entité géopolitique, oblige les lois nationales à s'adapter à des textes nouveaux, leur permettant parfois d'accéder à des progrès que les voisins ont développés. Les confrontations de lois différentes créent parfois des problèmes juridiques qui ne pourront être résolus que lorsqu'un seul système de règles sera mis en place, fonctionnant alors comme tiers-contenant. En dehors de telles évolutions, c'est la souveraineté nationale qui assure la contenance dans chaque pays.

Ainsi, les questions de rencontre soulèvent-elles des problématiques de cohabitation de cultures, en rapport au passé, de confrontation de sociétés, par rapport à l'avenir, de « choc » de civilisations dans l'immédiateté du présent, de l'actuel comme du virtuel. Qui est alors vraiment concerné par ces rencontres ? Des sujets qui ont du mal à s'inscrire personnellement dans ces problématiques ; des sous-groupes plus ou moins organisés qui se supposent un même positionnement vis-à-vis de ces problématiques ; des nations entières qui se trouvent déstabilisées dans leurs certitudes à cause de ces confrontations, des personnes ou des groupes dans tous les cas.

D'autres sous-groupes, plus organisés ceux-là, peuvent alors tenter de récupérer des déstabilisations pour influencer un fonctionnement, soit dans la réalité de la civilisation, soit dans l'élaboration sociale de lois défensives ou qui favoriseraient leur propre sous-groupe, au détriment des autres sous-groupes.

Sur le plan psychique, nous sommes le plus souvent face à des individus qui marquent leur mal de vivre avec ces problématiques par des symptômatologies ou des actions qui les situent comme malades ou délinquants. Mais dans la plupart des cas, on observe que le groupe familial est lui-même en difficulté. Souvent, des regroupements d'adolescents ou de jeunes adultes, qui partagent une des problématiques, créent des organisations propres, parallèles ou opposées, pour tenter de trouver une réponse groupale, un nouveau mode d'insertion, sans in-serrage et souvent sans insertion, souvent non reconnu d'ailleurs, surtout au début. C'est là une tentative pour rendre autonome une partie de l'intersection de groupes distincts, dans l'espoir de réduire le nombre des contenances superposées qui induisent trop d'incohérences quand elles s'agglutinent, trop de dépendances et de contraintes.

5) Les problématiques psychiques de « l'interculturalité »

Elles amènent des réponses différentes suivant le type de symptômes développé.

Les réponses individuelles ramènent une personne à des questions de contenants internes. L'impossibilité d'établir des liens entre ces contenants conduit le sujet à les isoler, ce qu'il vit alors comme morcellement et l'amène à développer une structure psychotisante où ce que l'on appelle l'interculturel se joue dans l'intrapersonnel comme interidentitaire morcelant.

Les réponses familiales font se confondre la problématique interculturelle, parfois vécue par l'un d'eux, avec celle de l'intergénérationnel où l'on voit se déplacer les lieux de symptômes, se répliquer certains comportements. La superposition de contenants de civilisation peut alors s'exprimer dans une superposition de contenants familiaux et sociaux, opposant des générations, ou les rendant complices dans les bénéfices secondaires de ce déplacement.

Au niveau des groupes sociaux, les réponses des sous-groupes inorganisés se jouent dans l'intersocial, chacun développant ses propres lois, ses propres organisations. Celles des sous-groupes organisés, par exemple dans la politique, se situent dans l'intercivilisationnel, là où se structurent les partis, où se nouent les « affaires ».

L'interculturalité cache donc une multiplicité de problématiques distinctes. Nous allons aborder ici plus spécifiquement les deux premières, individuelle et familiale, à partir de cas cliniques rencontrés dans la pratique, l'un dans le cadre de la santé mentale, en psychiatrie, et l'autre dans celui de l'intervention judiciaire auprès des jeunes, dans le cadre de mesures d'investigations.

5-1 LA DIMENSION INDIVIDUELLE

a) Jean BEN et l'identité

Jean a vingt cinq ans quand sa mère l'accompagne au CMP, sur le conseil de l'assistante sociale de l'armée. Son père est retraité de l'armée française qu'il a quittée avec le grade de capitaine. Sa mère est originaire de la région et son mari est venu y terminer sa carrière militaire.

Sa mère se plaint : de l'agressivité de Jean envers toute la famille et surtout elle-même, du fait qu'il ne travaille pas, reste au lit, etc. ... Depuis l'âge de quinze ans, il voit un neuropsychiatre, prend des médicaments mais, selon sa mère, rien n'évolue, il est même de plus en plus opposant.

Il est impossible à l'équipe de secteur de le rencontrer comme prévu à son domicile et je le convoque au CMP. Il se rend à cette convocation, à la surprise générale, en disant qu'il a rendez-vous avec un « sociologue », situant sa question ailleurs que dans son propre psychisme.

Il expose d'ailleurs sa difficulté en terme social : c'est parce qu'il n'a pas de travail qu'il a des problèmes. Et puis, très vite, il expose un autre argument : il est « coincé par la maladie de son père ». Cette maladie est présentée par lui en trois points : physique, relationnel et identitaire. On verra très vite comment ces trois points le concernent lui aussi.

- Sur le plan physique : il dit que son père fait du « paludisme avec un peu d'alcool ». En fait, l'alcoolisme l'a rendu malade du foie et il est hospitalisé pour des ruptures d'ulcères stomacaux et intestinaux. Jean présente, lui, un asthme très marqué dont il dira être porteur depuis les premiers mois de sa vie.

- Sur le plan relationnel : il dit que son père, commandant de réserve, ne supporte pas d'être commandé. Plus tard, Jean dira qu'il veut qu'on l'écoute chez lui, mais qu'on ne peut « commander à un commandant », situant son trouble dans la relation au père.

- Sur le plan identitaire : le plus important pour son père, selon lui, c'est d'être « partagé en deux : l'Algérie et la France ». De fait, son père, algérien d'origine, s'est engagé dans l'armée française, s'est marié avec une française, vit en France et participe à des associations d'anciens harkis. Jean a, lui, un prénom français et un nom arabe qui commence par « ben », ce qui signifie « fils de », et il a beaucoup de mal à intégrer ses doubles racines et ces deux identités.

Lors de la seconde rencontre, il parle cette fois directement de lui et de ses symptômes.

Selon lui, une première période de troubles apparaît vers douze - treize ans. Il entendait des voix, des satellites s'adressaient à lui dans la rue ou encore, lorsqu'il se levait en classe, il était « obligé de s'asseoir pour que son père reste en vie ». Alors, un frère de sa mère l'a emmené voir un guérisseur local. Il a eu « foi en lui » et ça a été mieux.

La seconde période débute à seize ou dix-sept ans. C'est encore en rapport avec son père : il venait de faire ses trois jours, période de tests pour les futurs appelés, son père souhaitait qu'il s'engage dans l'armée, comme lui, et lui revenait « content d'être exempté ». Très vite, il participe à des groupements : un mouvement catholique, les témoins de Jéhovah, un groupe charismatique, tous groupes à tendance religieuse (renvoyant à la « foi ») où il est rapidement embrigadé. A nouveau, c'est le recours à un guérisseur, qui lui a conseillé « d'en sortir », qui lui a permis d'aller mieux.

Après, il a fait quelques tentatives de travail, commencé une formation professionnelle qu'il n'a pas terminée. En fait, il avait obtenu un BEP d'aide comptable, à la surprise de son entourage, mais il n'a jamais pu exercer ce métier, cette fonction. Il ne peut quitter le domicile parental.

Beaucoup d'autres éléments apparaissent à ce moment de son histoire : des hallucinations pour lesquelles il faudra encore aller voir le guérisseur, des troubles physiques et relationnels.

Il a deux sœurs, qui sont en train de quitter la maison, la plus âgée va mal et perd 6 kg, lui, dit être troublé par la maladie de son père et perd 7 kg. Son père fait une « rechute » et lui fait une chute de tension. La question de sa place dans la famille est relancée : sa mère avait peur de dormir seule pendant l'hospitalisation de son mari et elle lui avait demandé à lui de dormir deux nuits auprès d'elle.

Trois mois après sa première venue, il fait une demande de suivi, mais pas pour lui, pour une jeune fille à laquelle il semble attaché et qu'il décrit comme « détraquée sexuelle et toxicomane », alors qu'il évoquera des propositions homosexuelles qui lui ont été faites par un employeur potentiel chez qui sa mère l'avait envoyé.

Bien qu'il n'ait toujours pas fait de demande personnelle, il vient me voir de temps à autre. Puis il commence à me parler de sa mère qui « l'étouffe » (il est asthmatique), celle-ci a alors fait des démarches pour essayer de le « placer ». Il refuse le placement et évoque alors une période plus ancienne de son histoire : les déplacements de la famille, pour suivre le père. En fait, lui est né en Allemagne, où il est resté jusqu'à l'âge de 5 ans, puis il est allé en Alsace jusque vers 11 ans. C'est alors qu'ils sont venus dans la région, au plus près du lieu dont sa mère est originaire.

Il ne peut encore prendre d'engagement dans un travail thérapeutique, mais parle de « confiance ». Il évoque alors un autre début de ses troubles, antérieur à ses 13 ans : à 11 ans, lorsque la famille vient vivre près des racines maternelles. Il se sentait persécuté :

- par les professeurs dont il pensait qu'il se réunissaient la nuit pour parler de lui avant qu'il arrive, parce qu'il n'avait pas un nom français,

- par les autres élèves qui se moquaient de lui, qui « bouffait le pain des français ».

Lui s'est alors renfermé sur lui-même. À 17 ans, il « adorait » Hitler parce qu'il avait pu « se permettre la haine ».

Cette nouvelle accession à la parole sur ses troubles lui permettra alors de s'ouvrir, sortir, rencontrer des gens.

Le problème c'est qu'aucun cadre symbolique ne structure cette parole, relativement à une demande claire émanant de lui. Seuls, des horaires réels sont posés et une relation est en train de s'établir. Sa mère intervient de plus en plus et, lui, évite certains rendez-vous.

Enfin, presque un an après sa première venue, il se positionne en écrivant qu'il ne veut plus venir, puis prend son sac à dos et s'en va à Lourdes. La religion et la croyance sont ses seuls repères.

De retour au domicile, les symptômes décrits par la mère lors de la première démarche ont repris. Cette fois, il est hospitalisé, avec une certaine violence et une grande dramatisation. À sa sortie de l'hôpital, il a un traitement et une allocation d'adulte handicapé. Il accepte de me revoir à nouveau, mais encore une fois sans réelle demande de sa part. Sa référence, à ce moment-là est la Bible.

Son expérience de l'enfermement, en placement d'office, lui fait évoquer à la fois sa petite enfance, où il est « gavé », où il est asthmatique, et à la fois son souhait aujourd'hui « d'appartenir à quelque chose ». Il évoque alors les pompiers, les CRS, des corps militaires, pour partir de chez ses parents, avoir sa « vie à lui ».

Quelques mois plus tard, il fera une demande d'entretiens, tous les quinze jours, pour des « conseils ».

Pendant environ cinq ans, il pourra venir assez régulièrement, avant d'autres hospitalisations.

Il y dira d'autres ruptures : de 7 à 9 ans, il a dû aller, chaque année, un mois en cure pour son asthme. Il souffrait beaucoup de la séparation d'avec la famille. A 10 ans, ses parents avaient décidé de l'envoyer, pendant une année scolaire, en cure à la montagne. Il pense alors qu'ils vont l'abandonner et son père doit revenir le chercher au bout de quelques semaines. La même année, sa mère est opérée d'un cancer du sein et lui, s'identifie au cancer, au mal. Ses troubles graves débutent à ce moment là. Il dit être alors tombé du piédestal où son père l'avait mis, comme fils aîné, et être devenu le « clou » de la famille. Il aurait voulu alors changer de nom. Les troubles hallucinatoires ont débuté ensuite, à 11ans.

Il pourra évoquer enfin sa naissance : sa mère était seule en Allemagne, dans la résidence militaire, ne parlant pas allemand. Elle a dû en fait rester alitée pendant toute la grossesse parce qu'elle avait déjà fait deux fausses couches. Pourtant, elle dira qu'elle garde un bon souvenir de cette période où les voisines s'occupaient d'elle. Il est né enfant-roi, mais sa mère craignait qu'il s'éloigne de la maison, située dans l'enceinte de la caserne. Son père, algérien d'origine, « adore » son fils premier né et sa mère, française en Allemagne, craint pour lui et sa vie... lui est asthmatique.

Aujourd'hui, il a 40 ans passés, son père est décédé, il vit seul, il a une tutelle pour son AAH et bénéficie d'un suivi de secteur. Il m'appelle au téléphone de temps en temps quand il est trop angoissé. Sa référence reste la Bible, mais il a acheté aussi le Code civil et le Coran.

Au-delà de la question de la psychose, c'est l'éclairage de la contenance que j'évoquerai ici.

b) Pour une possible contenance tierce

Jean a des racines dans la France profonde et d'autres en Algérie. Il ne verra jamais ce pays, mais porte un nom qui identifie cette origine. S'il n'a jamais baigné dans la culture arabe, il s'est trouvé, dans sa prime enfance, à avoir un excès de contenance maternelle et un manque de contenance de civilisation d'origine, qu'elle soit française ou algérienne, puisqu'il était en Allemagne, dans un contexte militaire.

La référence du langage, et des rapports humains, est limitée aux parents, tout le reste est étranger et dangereux. Source de fierté pour le père, il est source d'anxiété pour sa mère.

Cela crée, hors d'un contenant global cohérent d'environnement, deux contenances distinctes : l'une liée au père, l'Algérie, l'armée et une position idéalisée positivement pour lui (« il sera président mon fils » aurait dit le père, selon Jean) ; l'autre liée à la mère, la France, les « étouffements » asthmatiques et une position idéalisée négativement (« j'ai toujours eu peur pour lui » dira la mère).

Sa mère expliquera qu'à l'arrivée en Alsace, il a beaucoup de copains et il est toujours le chef, le « commandant ». Cela commence à se passer moins bien à la maison car il commande aussi sa sœur, qui a près de deux ans de moins que lui, et que elle, sa mère, ne peut rien dire parce que son père lui dit qu'il n'a qu'un fils et qu'il faut y faire attention. D'ailleurs, lorsqu'il était bébé, c'est le père qui ne supportait pas qu'il pleure et lui donnait immédiatement le biberon, toujours selon la mère.

Le contenant mobilisé par le père est en fait très maternant, amenant une certaine confusion dans l'identification sexuelle, qu'on retrouvera plus tard dans les questions liées - au désir qu'il éveille chez un homosexuel, - à sa mère qui l'appelle dans son lit, - à son attachement à la jeune fille aux pratiques sexuelles douteuses.

Il semble que la contenance tierce n'ait pu s'établir pour deux raisons distinctes : la première, c'est l'absence de prégnance de l'environnement comme contenant global, contenant les autres contenants ; la seconde, c'est le manque de superposition des contenants créés par le père et par la mère. S'il y a bien une réunion de ces contenants dans un ensemble familial fort, dont il ne peut sortir (voir ses réactions aux cures entre 7 et 10 ans), il n'y a quasiment pas d'intersection, chaque personne parentale ayant ses références, ses racines, ses actions distinctes. Les attributs paternels et maternels n'y sont pas distribués comme cela se fait classiquement au niveau des images parentales.

Lorsqu'il arrive en Alsace, à la période de la scolarisation en primaire, se joue pour lui une socialisation qui va s'étayer sur des rapports à ses pairs et un environnement de langage et de civilisation où il va pouvoir s'ouvrir. Un contenant global commence alors à se construire, mais les deux contenants issus des relations au père et à la mère restent très séparés, il n'y a pas de conflit d'appartenance possible. La force de la réunion des contenants dans la famille est encore très importante, il a alors du mal, à 10 ans, à quitter la famille, le père semblant d'ailleurs avoir du mal lui aussi à quitter son fils surinvesti.

On a alors des contenants distincts, amalgamés, mais non en intersection. Ce que Jean a intériorisé est alors une mosaïque de contenants, avec un tiers-contenant faible et seulement une force d'amalgame de la réunion de ces contenants. Cette force tient à la juxtaposition culturelle (pays d'origine), de civilisations (pratiques différentes ou inversées), et sociale (vie militaire et civile) des élaborations fondées sur les images des personnes parentales. Cet amalgame tient par la prépondérance de la position du père et de ce que Jean en maintient dans sa position de « commandant » pour ses copains, ses soeurs et sans doute aussi ses parents.

La rupture de cet amalgame a lieu avec le dernier déplacement familial : la position du père décline, c'est sur la terre des racines de la mère que vient la famille. Jean perd ses copains, se trouve au collège n'être plus un chef mais un « sale arabe » et la compensation de l'amalgame ne tient plus. Les contenants se dispersent, la contenance globale n'a pas suffisamment de force pour les contenir. Les premiers symptômes psychotiques apparaissent dans un conflit de contenance qui peut s'exprimer par la question : qu'est-ce qui contient quoi? Les projections paranoïaques cohabitent avec les hallucinations perceptives. Les limites se brisent, les frontières entre dedans et dehors deviennent poreuses.

C'est alors à la culture maternelle qu'il est fait appel, celle de cette France locale où le guérisseur agit grâce à une force symbolique qui s'enracine dans le mythe et la croyance, la religion et la magie. C'est parce qu'il a « foi en lui » que Jean a pu bénéficier de l'intervention du guérisseur. Celui-ci a pu remobiliser un contenant plus large, plus ancien, plus culturel.

Il n'y a pour autant pas plus d'intersection des contenants hérités des liens aux parents. Si le contenant de la civilisation de la mère a pris plus d'importance, celui de la socialisation militaire du père en a beaucoup moins. La prééminence, au niveau de la force de ces deux contenants, s'est inversée, mais ils n'ont toujours pas trouvé d'intersection contenante, là où Jean souhaitait « appartenir à quelque chose ».

Les cadres de rencontres posés, dans l'espace, le temps, une technique, sont restés des formes réelles. Elles n'ont pas permis d'accéder à une forme symbolique de prise en compte d'une demande, qui cherchait toujours ailleurs un lieu pour s'exprimer (il écrit au procureur, au président des Etats-Unis, au Pape...). Ce cadre ne contient alors que des effets relationnels quotidiens, de réassurance par exemple, inscrits par rapport à une demande de « conseils ».

Cela n'amène pas en fait le développement de formes de contenance ouvertes à l'expression des éléments de l'intersection des contenants issus des relations aux personnes parentales. Il y aurait fallu intégrer des éléments des deux cultures, mais aussi des deux structures sociales, pour que Jean puisse en internaliser une nouvelle contenance, pour une nouvelle appartenance pour lui. Il eut fallu également qu'un tiers-contenant global puisse être défini, intégrant les dimensions dont lui s'est servi : le religieux et le politique, et permettant la contenance des faits quotidiens de civilisation, tout autant que des cultures, arabes et d'Europe occidentale, et des structures sociales, civile et militaire.

c) L'identité

Les niveaux de symptômatologie soulignaient trois lieux : le corps, la relation, l'identité. Si le premier était lié à la mère avec « l'étouffement », le second était lié au père. Le troisième posait la question d'un espace et d'une structure où aurait pu se mêler des aspects liés aux deux parents. Ce contenant aurait pu devenir pour Jean une matrice identitaire interculturelle. Patrick DENOUX, dans un article sur « l'identité interculturelle » (95), oppose le « sujet monoculturel », fictif ou idéal, qui n'aurait qu'une seule culture en repère, au « sujet interculturel », pour lequel « les liens culturels entre des traits identitaires constituent les noeuds du réseau culturel ... » (p. 268). Toute personne est alors « sujet interculturel », avec des variantes selon son histoire génétique et familiale et avec des possibilités d'adaptation très diverses.

Bien sûr, la culture n'est pas une donnée figée, mais c'est à se civiliser qu'un sujet existe dans une culture, qui n'est toujours qu'un réseau d'éléments liés entre eux. Devenir sujet en ce domaine, c'est définir ou trouver sa propre place, dans ce réseau, après avoir repéré les liens qui le font cohérent et contenant. C'est alors connaître ceux dont chacun est dépendant, au moins partiellement.

Quand Claude LEVI-STRAUSS parle de la culture comme « fragment d'humanité » (58), il précise la question de la rupture nécessaire à cette fragmentation : une culture est une culture parce qu'elle présente par rapport au reste de l'humanité « des discontinuités significatives ». Ces discontinuités font les différences et les limites entre les contenants, provoquent leurs confrontations et amènent des problématiques symboliques de conflit entre eux, qu'ils soient d'appartenance ou de contenance.

C'est à pouvoir re-lier les nouveaux contenants, dans l'intersection et la réunion, qu'un sujet pourra alors s'approprier des signifiances sur lui-même et à son propos. C'est ce à quoi Jean n'a pu accéder totalement.

5-2 LA DIMENSION FAMILIALE

a) Sandy et l'exode

Si l'interculturalité n'a pu être intégrée comme contenant par Jean, c'est qu'il n'avait pu trouver - créer l'intersection des contenants paternel et maternel. La problématique s'est alors jouée au niveau de sa personnalité et de sa structure de personnalité, devenue pathologique. Cette problématique est parfois confondue avec une autre qui renvoie à la « clinique de l'exil », évoquée notamment par Jean-Michel HIRT (97). Celle-ci concerne la migration, celle dont on a pu dire qu'elle était le nouveau nomadisme.

Dans cette migration, un sujet se déplace d'une civilisation à une autre, sans pouvoir passer d'une culture à l'autre. Selon J. M. HIRT, la clinique de l'exil met en évidence la difficulté de « cohabitation à l'intérieur d'une même personne de deux cultures ou de plusieurs catégories de références ». C'est le cas du migrant lui-même qui a vécu deux périodes dans deux systèmes distincts. Il propose alors « d'inventer un tiers-lieu d'adoption pour le corps entre la lointaine terre-mère et la proximité de la terre d'exil ». Si cela n'est certes pas seulement un lieu qui peut répondre, c'est ici d'intersection de contenants dont il s'agit et non de tiers, et qui correspond bien à l'absence d'une des formes contenantes de la contenance tierce.

Cela se complique encore quand s'ajoute à la dichotomie des lieux un déplacement générationnel, ce que F. BENSLAMA (97) appelle « la clinique de l'exil et du déplacement ». Il évoque notamment le fait que le « trauma de l'exil » est parfois transmis aux enfants, qui, eux-mêmes, portent les signes pathologiques de la difficulté de transition qu'ont vécue leurs parents. C'est une question de rupture et de lien.

L'histoire de Sandy est celle de l'intrication de l'interculturel et de l'intergénérationnel.

L'équipe de l'I.O.E. (investigation d'orientation éducative) rencontre la jeune fille à partir de l'ordonnance du juge des enfants, elle a alors 15 ans. La demande du juge fait suite à une lettre qu'il a reçue des parents, qui disaient ne plus pouvoir s'occuper de leur fille. Elle sort la nuit et s'alcoolise, est agressive avec eux et leur vole de l'argent, et elle est souvent absente de l'école. Ils posent donc le problème au niveau intergénérationnel: ils ne peuvent « imposer des limites à leur fille » et, elle, présente des comportements anormaux.

En fait, cette lettre leur a été conseillée par une voisine, française, qui est famille d'accueil et connaît bien les rouages sociaux et judiciaires. La famille de Sandy, d'origine cambodgienne, est arrivée en France dans les années 80, après avoir passé 6 ans dans des camps de réfugiés en Thaïlande.

Quand je rencontre Sandy, elle pleure en évoquant la culture de son père, qui ne la comprend pas, et elle craint d'être abandonnée par ses parents, placée en foyer.

Le T.A.T. (thematic aperception test), qui est un test projectif dynamique de personnalité, montre l'importance du refoulement, une forte dépendance vis-à-vis de l'histoire familiale et des images qui en sont véhiculées, mais aussi quelques émergences en processus primaires : difficultés à percevoir la réalité, compulsions de répétition, difficultés de représentation de soi.

Sandy se cherche, tous les niveaux de défense sont mobilisés, les parents ne peuvent contenir ses actes de demande.

Elle dit qu'elle ne peut parler avec sa mère et qu'elle veut être militaire. Ces points pourront être situés par rapport à l'histoire familiale.

Les actes qu'elle pose visent la civilisation des parents et interrogent leur, et sa, culture :

- elle perd contenance la nuit en s'alcoolisant et en sortant avec des gitans et des arabes, ce que son père ne supporte pas, notamment vis-à-vis de la communauté cambodgienne locale ; elle a un copain maghrébin.

- elle ne va pas à l'école, qui représente l'intégration en France pour ses parents qui, eux, ont très peu d'instruction.

- elle les agresse et les « vole », revendiquant quelque chose qu'ils ont et ne lui donnent pas.

La mère se définit elle-même comme « femme cambodgienne » c'est-à-dire qu'elle parle peu, doit « garder les problèmes », s'occupe de la maison. Elle parle le plus souvent le cambodgien qu'elle ne sait pas écrire, mais elle sait parler le français qu'elle ne sait ni lire ni écrire. Seule représentante de sa famille en France, elle a perdu tout contact avec cette famille depuis le décès de son père, au Cambodge, quand elle avait elle-même quinze ans.

Cela explique pourquoi Sandy ne souhaite pas être comme elle, ne peut parler avec elle et a donc quelques questions d'identification à poser.

Le père est plus complexe. Il est issu d'une famille de militaires et l'on voit logiquement poindre la recherche de Sandy dans cette direction. Son grand-père à lui était militaire à l'époque du protectorat français et monsieur T. dit de lui qu'il était « militaire français ». Cet homme avait apporté à toute la famille une « double culture » avec, notamment, un enseignement catholique et bouddhique. Son père était également militaire, d'abord pour les français, puis pour le prince SIHANOUK, ensuite pour les intérêts américains sous LON NOL au début des années 70. Il dit de lui: « mon père avait changé de patron ».

Deux cultures se chevauchent avec le grand-père, elles se succèdent avec le père. Monsieur T. peut être rigide et exigeant, tout autant que courtois et affable.

Si lui-même a pu bénéficier de la réunion des contenants, avec ces ajouts de cultures, et de leur intersection en créant un personnage à facettes, il a mal intégré certains éléments et se perd parfois dans les événements de l'histoire. L'intersection des contenants se joue dans sa formation, multiple, et il en utilisera les éléments en étant dans l'échange : il sert d'interprète pour la Croix Rouge et a une responsabilité quasi commerciale dans les camps de Thaïlande.

La rupture va très vite. À 17 ans, il est « enrôlé de force » dans l'armée. Dans la même année, il se marie. Moins d'un an plus tard, il quitte l'armée quand les khmers rouges prennent le pouvoir. Lui et sa femme sont séparés, lui est interné dans un camp d'hommes et elle dans un camp de femmes où elle est avec leur premier fils. Ils sont séparés plus de trois ans et demi. Quand ils se retrouvent, c'est pour fuir en Thaïlande. Au cours de cette fuite, l'enfant est blessé et meurt. Il a alors autour de 3 ans. Madame T. en pleure encore souvent quand elle est seule.

Ils resteront dans des camps de réfugiés pendant 6 ans. Trois enfants naissent là-bas : un garçon, Sandy deux ans plus tard, puis un autre garçon encore deux après. Monsieur T. joue un rôle actif et reconnu d'interprète pour la Croix-Rouge.

Pour venir en France, ils falsifient leurs identités, les parents se rajeunissent, puis se donnent et donnent à leurs enfants des prénoms français. On peut noter que le nouveau prénom de monsieur T., associé à son patronyme, donne un équivalent sonore homonymique, en français, d'une somme d'argent dérisoire.

Monsieur T. se dit « français », l'arrivée dans ce pays correspondant pour lui à un idéal familial. Ses parents sont en Bretagne, ses frères et sœurs dans d'autres villes de France. La famille T. est citée en exemple de bonne adaptation et d'intégration. Deux autres enfants naissent, un garçon puis une fille. Ils achètent une maison. Madame T. a trouvé un travail... dans un restaurant cambodgien.

Sandy est surinvestie par le père dès l'enfance. C'est elle qui remplit les papiers, accompagne son père dans les démarches multiples auprès des institutions sociales, scolaires, administratives. Elle est la « préférée » et il suffit qu'elle demande pour obtenir tout ce qu'elle veut. Seule fille née en Asie, elle remplit les fonctions d'intermédiaire que remplissait son père dans les camps.

C'est là un contenant qui correspond à une intersection entre la famille et la société française. Sandy assume et reconnaît ce contenant de même que la réunion entre Cambodge et France, que son nom et son prénom représentent.

Lorsqu'elle arrive à l'adolescence, elle réagit face à la famille, à l'identification aux modèles parentaux. Elle est une fille et partage peu avec sa mère, « femme cambodgienne », tandis que son père attend d'elle une conformité française. Ses revendications ne sont pas entendues et elle doit aller plus loin dans la provocation et l'interrogation, jusqu'à s'en prendre à son corps, sa scolarisation, sa place dans la famille... et même jusqu'à l'intervention du juge des enfants. Durant l'I.O.E., monsieur T. fera, lui, appel à l'une de ses soeurs, pour qu'elle prenne en charge sa fille pendant les vacances scolaires.

b) **intrication du générationnel et du culturel dans « l'inter »**

Les tentatives d'expression :
- Sandy : Elle se situe au niveau socioculturel en se repérant à des groupes particuliers, ni français ni cambodgiens. Elle pose ainsi la question d'un contenant pour elle-même.
- la famille : Elle fait une série de références familiales: appel à la famille d'accueil voisine, à la soeur pour les vacances, ou même aux grands-parents de Bretagne.
- l'école : Elle propose à Sandy, bonne élève, une orientation professionnelle.

Ce sont en fait des absences de dialogue, de compréhension, qui amènent la demande au juge des enfants, à propos des « limites ».

La délégation impossible :
Le père tente de demander à d'autres de tenir sa place et de prendre l'autorité parentale, mais tout le monde, voisine famille d'accueil, soeur, assistante sociale de secteur... transmet ailleurs. Or, il n'est pas possible de transposer dans un autre contenant ce qui ne peut être contenu dans un premier, ici le foyer familial, sans une transformation correspondante de contenu.

Ce qui se joue ici confronte, dans un contenant culturel large et riche, la recherche d'identité liée à l'appartenance à l'absence de superposition de contenance : il faut appartenir à la culture cambodgienne comme la mère, ou à celle de la société française actuelle, comme semble le souhaiter le père. C'est soit l'un, soit l'autre.

La réunion de ces deux contenants existe bien, notamment dans la famille où coexistent les images différenciées des civilisations européenne et asiatique, où le père semble attaché à la France et la mère au Cambodge, mais Sandy ne peut définir elle-même les contours d'un contenant actuel qui soit l'intersection des deux. D'une part parce que les parents ne créent pas cette intersection, d'autre part parce que le père a assigné à sa fille un contenant, intersection de cultures, qui est le sien, et qu'il tente de dupliquer au travers de sa fille. Il lui demande d'être, comme lui, intermédiaire, interprète, lien.

S'il avait pu, lui, assumer ce rôle, c'est parce que son éducation franco-cambodgienne et catholico-bouddhiste lui avait fourni un contenant lui permettant de le jouer, ce qu'il avait fort bien réussi en Thaïlande puisqu'il en avait tiré des bénéfices non négligeables en termes d'identité, de pouvoir et de reconnaissance. Ce qui avait été bon pour lui devait l'être pour sa fille.

Sandy, elle, refuse d'être enfermée dans ce contenant paternel, qui devient un carcan à l'adolescence, après y avoir trouvé les bénéfices de la « préférée ». Le père ne peut comprendre la demande de sa fille et lui promet le rejet (un placement en foyer) ou la contrainte (autoritarisme). Il souhaitait seulement dupliquer son propre contenant intersection, ne faisant apparaître en réalité qu'une contenance simultanée.

Ce que Sandy envisage c'est un contenant qui dépasse celui du père, dans sa filiation à lui, dans son intergénérationnel à lui : l'armée, française par exemple, celle de son grand-père et l'armée cambodgienne de son père, mais un contenant qu'elle puisse faire sien.

c) la proposition de contenance tierce

Il fallait garder le large contenant multiculturel, comme tiers-contenant, et permettre à Sandy de s'approprier un contenant lié à la mère et au Cambodge, un autre lié au père et à la France. Tous les deux auraient pu s'ajouter au foyer, dans une réunion qui reste contenante, et se superposer dans une intersection où Sandy puisse être française d'origine cambodgienne. Nous avons alors développé des échanges médiatisés avec la mère et le père.

Les effets de cette proposition peuvent être ainsi évoqués :

- les échanges avec la mère ont pu redémarrer à partir du vécu émotionnel intense de celle-ci lors de la mort de son enfant pendant l'exode, c'est-à-dire au moment du passage. Elle peut ainsi en assurer le deuil qui n'était pas terminé.
- les liens avec le père ont été re-situés dans l'histoire de la fuite du Cambodge et de l'arrivée en France: exode qui dura 6 ans, histoire familiale que Sandy a très peu vécue, mais qui permettra au père d'en faire le deuil lui aussi, notamment de la période thaïlandaise.
- le maintien au foyer a été préconisé pour que la contenance de l'intersection dans la réunion puisse se jouer complètement, en contenance tierce.
- la place de Sandy a été restituée, vis-à-vis d'un avenir professionnel qu'elle a choisi, et d'une place dans la famille qui la rapproche de sa mère, et l'éloigne de la doublure du père.

Il leur a été demandé d'évoquer ensemble l'histoire familiale avec deux objectifs :
- que la symbolique temporelle redevienne une trame ordonnée de signes, afin qu'elle ne permette plus la confusion entre générations ou la simple réplication des positions.
- que la relation partie - tout (événement - vie) reprenne sa réelle valeur symbolique et permette à Sandy de vivre sans avoir besoin de créer des événements de rupture dans la contenance paternelle et parentale.

Depuis, Sandy suit régulièrement ses cours, parle avec sa mère et ne craint plus d'être rejetée par son père. Elle a pu dire qu'en fait il est très « cambodgien » dans sa façon de penser la place relative des hommes et des femmes au foyer. Cela lui permet de s'émanciper du contenant intersection tout-fait qu'il lui réservait. Elle a gardé ses groupes de copains.

Cet exemple illustre ce propos d'Olivier DOUVILLE : « le travail culturel symbolique essentiel, premier, est de fonder le sentiment d'appartenance à la communauté et à l'espèce sur une désappropriation du corps et de la parole. Le corps tout comme la parole sont par la culture marqués par "l'opérateur" de la désappartenance » (94).

Ajoutons à cela qu'il faut y associer la création d'un contenant qui rende cette désappartenance possible, sans éclatement, sans déplacement et sans confusion. La désappartenance, tout comme la décontenance qu'évoque Bernard GIBELLO, ne peuvent se jouer que si une contenance plus large peut les garantir. C'est celle qu'assure le tiers-contenant dans le modèle de la contenance tierce.

6) **La contenance non tiercée**

La contenance peut parfois être multiple sans accéder à une réelle contenance tierce. C'est le cas dans l'histoire de Eric H., un adolescent en souffrance pour qui décontenance et retournement de contenance ont amené l'installation d'un engrenage de violence et de séparations.

En fin d'année, Eric a 14 ans lorsqu'il est envoyé quelques jours dans un Centre Hospitalier Spécialisé pour une observation. On y décrit alors chez lui des troubles du comportement et de la conduite avec opposition et violences. Il est également fait référence aux pathologies des parents : alcoolique pour le père et dépressive pour la mère.

Concernant les actes posés par Eric, il est noté qu'il tire valorisation de ses agissements et cherche à provoquer l'abandon et la rupture.

L'orientation évoquée alors est celle d'un suivi psychiatrique au long cours, en ambulatoire, avec une prise en charge « éducationnelle continue », incluant des « références stables et invariables ».

Huit mois après, lorsque je le rencontre à ma demande dans le service de Placement Familial Spécialisé où il est placé, il a de gros problèmes dans la famille d'accueil. Il n'arrive pas à se projeter dans l'avenir et pense que le passé pour lui s'éternise en disant : « ça fait 10 ans que je fais des conneries et que je suis puni ».

Le T.A.T. fait apparaître des angoisses d'abandon et de mort très importantes. À l'image du père est associée la violence et la peur de meurtre, à celle de la mère l'absence de nourriture, la carence affective. Les réactions de prestance sont très nombreuses.

Lui, semble vouloir se donner une image équivalente à celle qu'il suppose à son père, tout en laissant apparaître quelques risques de passages à l'acte. Il dit de manière provocatrice vouloir être « un meurtrier psychopathe », ce qui renvoie à la fois à la violence du père et à la maladie de la mère, pour « tuer les enfants sans défense et innocents », ce qui le situe, lui et sa sœur, comme victimes.

Ces éléments exprimés ne suffisent en rien pour interrompre les processus de reproduction dans son entourage ou pour lui permettre de ne pas « provoquer » les rejets.

Il semble que la discontinuité amène dans son histoire des successions de contenances qui restent sans articulations, sans liens entre elles. Par ailleurs, la contenance maternelle et la contenance paternelle paraissent ne pas pouvoir non plus être mises en intersection en dehors d'un contexte violent comme il a pu l'exprimer à travers l'image du meurtrier psychopathe.

Peu d'éléments anamnestiques sont présents dans son dossier d'Assistance Educative en Milieu Ouvert, soulignant cette difficulté d'intégration des événements historiques dans un contenant stable et repérable.

Il est né en juillet, ses parents se sont mariés en décembre de la même année et il a été légitimé par ce mariage. Aucun autre élément n'apparaît jusqu'à la naissance de sa sœur alors qu'il vient d'avoir 2 ans.

Alors qu'il a 14 ans, il parvient à évoquer un événement dont il dit qu'il aurait eu lieu quand il avait environ 6 ans et qu'il serait à l'origine de ses bêtises.

Il s'agit d'une tentative de suicide de sa mère qui aurait eu lieu devant lui alors que son père « cuvait dans son coin ». A nouveau, les éléments de l'histoire disparaissent pendant un laps de 6 ou 7 ans, jusqu'à l'époque du divorce de ses parents prononcé en juillet. Il vient d'avoir 13 ans. Dès lors, les interventions se multiplient, des décisions du juge des enfants, des rapports éducatifs scandent les ruptures.

6.1- Les ruptures de contenance

En septembre de la même année, les premières décisions officielles sont prises par le juge des enfants : mesure de placement familial pour Eric et mesure d'A.E.M.O. pour sa sœur, toutes les deux exercées par les services de la même association.

Les motifs d'intervention présents dans l'ordonnance du juge sont clairs:
- le père demande à « être déchargé de la paternité de son fils » qu'il qualifie de « vicieux ».
- la mère dit ne pas pouvoir « assumer en continu » son fils et demande un placement pour lui et une aide pour sa fille.
- Éric présente des troubles du comportement et une forte quête affective, souffrant du rejet paternel.
- la soeur se soustrait à l'autorité de la mère.

Alors, Éric va reproduire un système relationnel qui amène son entourage à l'exclure et à multiplier les décontenances sociales : scolaire d'abord, familiale ensuite, où le refus de le comprendre et de repérer du sens dans ses comportements devient vite le refus de le garder.

Dans la famille d'accueil, il est au début « gentil, prévenant, participant » (extrait du rapport éducatif). Après un mois, il commence à avoir des problèmes à l'école. Il est violent avec les professeurs, avec le conseiller d'éducation, les surveillants mais aussi avec une élève qu'il bouscule. Il a, à la cantine, des « comportements boulimiques provoquants » (on retrouve donc les questions de violence et d'alimentation révélées par le TAT). Il est exclu de l'école en décembre.

Dans le nouvel établissement, tout se passe bien pendant environ deux mois puis, à nouveau, il est violent, insulte, provoque. L'établissement scolaire note alors par rapport au processus d'exclusion : « nous avons le sentiment que c'est pour lui le seul moyen d'être reconnu ». Ce début de prise en compte lui permet de finir l'année scolaire.

En mars suivant, le juge des enfants confirme ses décisions. On note que les difficultés commencent maintenant dans la famille d'accueil. Éric adhère difficilement à un suivi en Centre Médico Psycho Pédagogique où l'on évoquera surtout son inacceptation du rejet du père.

Plusieurs paradoxes apparaissent alors, révélant des déplacements de nature perverse, caractéristiques ici de contenances non articulées :
- L'association qui est l'organisme garant du placement familial affirme que ce même placement pour Éric « ne répond pas » à la situation.
- le juge des enfants, qui reconnaît la souffrance d'Éric à cause du rejet du père, confirme pourtant sa décision de placement en affirmant : « une décision judiciaire ne peut contraindre un père à une relation affective avec ses enfants ».
- le père dit n'être « pas opposé » à reprendre son fils mais présente des arguments qui rendent cela impossible.
- la mère accepte le placement en disant qu'avec elle, Eric est confronté à une « autorité non autoritante et sans violence ».

En juillet, alors que son grand-père paternel a accepté de le recevoir pendant les vacances, Éric est de retour au bout de quatre jours, rejeté cette fois par son aïeul.

En octobre, après le rejet scolaire, c'est de la famille d'accueil qu'il est rejeté. Il part en lieu de vie.

En janvier, son père se remarie, sa mère est admise en hôpital de jour sur le secteur de psychiatrie et lui est absent de l'école pendant deux mois.

En mars, le placement au service de Placement Familial Spécialisé est reconduit, mais assorti d'un établissement spécialisé, un Institut de Rééducation situé dans un département voisin où il restera interne la semaine. Le week-end, il est soit chez sa mère soit dans un nouveau lieu de vie. Son père est alors au KOSOVO, pour une nouvelle intervention militaire.

Eric fait éclater la scolarité en milieu ordinaire mise en place dans le nouvel internat, puis un « espace relais » dans l'établissement et se retrouve alors scolarisé en interne dans l'institut de rééducation.

Pendant les vacances d'été, il se fait rejeter du lieu de vie et est placé pendant la période estivale au foyer de l'association qui gère le placement familial.

A la rentrée scolaire, le juge des enfants lève le placement familial, conserve l'internat dans l'Institut de Rééducation et prononce une ordonnance d'assistance éducative en milieu ouvert exercée encore par la même association. C'est à nouveau une double contenance non articulée pour Eric.

Le juge stipule dans son ordonnance : « l'I.R. est de fait un placement mais sa vocation d'enseignement adapté doit être respectée et les accueils alternatifs qu'il propose ne doivent pas permettre à Mr H. de se décharger de ses responsabilités éducatives qu'il tient de son autorité parentale ». Il précise également que la fonction de l'AEMO est de « veiller à ce que l'I.R. ne soit pas contraint de se substituer aux nécessaires accueils par les parents ». On perçoit bien les déplacements et remplacements que la situation produit.

En mars suivant, Eric a alors 16 ans, ce jugement est reconduit pour une année. L'I.R. se positionne alors de la manière suivante : « Pour Eric, l'établissement et l'association, en obligeant son père à l'accueillir poussent Mr H. à le rejeter ».

De septembre à mars, Eric a connu 3 lieux de vie et a toujours fait en sorte de les interrompre.

En juin, sa mère est hospitalisée en psychiatrie, lui fugue, vole… En juillet, les fréquentations d'Eric inquiètent son entourage. En août, son père le rejette à nouveau et déménage pour rejoindre une garnison dans le sud. Le service d'AEMO parle « d'impuissance ».

Je reçois la mère d'Eric en octobre, à ma demande, elle vient avec sa fille Julie pour évoquer l'histoire d'Eric. Elle dit que son ex-mari l'a trompée, humiliée, bafouée. Sa fille lui rétorque qu'elle était faible et laissait faire.

L'histoire du couple et d'Eric est alors un peu éclairée.

Les parents se sont rencontrés, Eric est né l'année d'après, c'était un « accident » dit la mère. Elle ne souhaitait pas le mariage, Mr H. le voulait. En décembre, ils se marient, la mère dit avoir accepté pour des raisons administratives.

Les missions militaires, toujours demandées par Mr H., sont assez longues et la mère est souvent seule avec son fils. Elle le « materne », et le « couve », ce qu'elle explique par un exemple : s'il approche les doigts d'une prise électrique, elle ne lui signifie pas d'interdiction mais lui prend la main et l'emmène ailleurs.

Le père, absent à sa naissance, ne le connaît qu'à 2 mois, Eric est alors un peu plus « nerveux » dit la mère. Il se développe normalement pour le sommeil, la nourriture, mais ne marche que vers 14 mois et ne prononce les premiers mots que très tard : il ne dit « maman » qu'à 4 ans.

Le père est souvent absent mais quand il est là, la mère dit qu'il est inconstant (laxiste ou très sévère). Les parents ne s'entendent pas bien, ils sont en opposition et la violence se développe entre eux.

Lorsque la mère est enceinte de Julie, bébé non désiré par les parents, le père est de nouveau absent, rien n'est dit à Eric sur cet événement. En juillet, alors qu'il a 2 ans, Eric voit arriver ce bébé avec surprise. Il est extrêmement jaloux parce que sa mère le délaisse après l'avoir couvé. Il est alors proprement décontenancé.

En août, quand Julie a 1 mois, il renverse le couffin qui était posé sur la table et, avec ses pieds, joue avec la tête du bébé. Sa mère réagit alors violemment et le gronde vraiment pour la première fois. Eric est très surpris et dit souvent à sa mère s'en souvenir encore.

En septembre, il est mis à l'école, ce qui augmente encore son vécu de rupture avec la mère. A la maternelle, on parle de problèmes de « socialisation ». Il est agressif avec les autres enfants, tape et mord, mais recherche en permanence le contact avec la maîtresse. L'école fait un signalement pour ce comportement. Il est suivi en hôpital de jour sur le secteur de pédopsychiatrie de leur domicile de l'époque dans le sud ouest, pendant environ 1 an et demi, de 4 ans et demi à 6 ans. On évoque alors pour lui : nervosité, agressivité, « non obéissance aux lois ».

Il a 6 ans, quand la famille s'en va dans les Alpes pour un changement de garnison de Mr H. Eric aura là-bas un suivi au CMPP (centre médico- psycho- pédagogique). Ils habitent en zone militaire, Mme H. n'a pas de contact avec les autres femmes, se sent rejetée, ne s'entend toujours pas avec son mari qui boit et la frappe, mais elle espère toujours que ça va s'améliorer. Elle a le sentiment que ses enfants sont également rejetés alors que Julie pense qu'elle ne l'a pas été. Eric reçoit un coup de poing du fils du colonel. Plus tard, un garçon lui enfonce un crayon de couleur dans la gorge. Mme H. va de plus en plus mal.

Quand il a 9 ans, la mère est hospitalisée à l'hôpital psychiatrique pour délire, dépression et désir de tuer ses enfants et de se supprimer. Après un long séjour en psychiatrie, la famille quitte les Alpes pour aller dans le limousin. Mme H. parle alors de quitter son mari pour « retourner chez son père » mais elle n'en fait rien.

Les relations violentes se développent encore dans le couple pour atteindre, lorsqu'Eric a 6 ans et demi, une apogée au cours de la nuit de Noël. Pour Mme H., Eric a pris ce jour-là le parti de son père. « A 11 ans » dit-elle il gifle sa mère en la traitant de « pute » et de « salope ».

Les parents se séparent en février suivant, Eric va vivre avec son père alors que sa sœur reste avec sa mère. Depuis cette période, la mère craint les violences de son fils qu'elle réfère à celles de son ex-mari. Elle précise alors qu'elle a été également frappée par son propre père pendant son enfance.

Eric restera 1 an et demi avec son père mais leurs relations vont se dégrader jusqu'à devenir violentes également. Eric souhaite alors retourner chez sa mère. C'est l'intervention du Juge aux Affaires Familiales, en vue du divorce, qui va déclencher les interventions sociales et psychologiques.

On voit donc que la contenance éducative, si difficile à établir, n'avait pas été mise en rapport avec les moments « perdus » de l'histoire qu'aucun dossier n'avait fait apparaître. Ces « trous » d'histoire rendent compte des brisures dans la saga familiale et des excès de contenance et de décontenance dans le déroulement de la vie d'Eric.

6.2- Succession et retournement de contenance

Son père est absent à sa naissance, le reconnaît plus tard en le légitimant par le mariage que ne voulait pas la mère et reproduit régulièrement cette alternance de présence et d'absence. Quand il est là, la contenance éducative, laxiste ou excessive, ne permet pas l'établissement d'un sens, d'une cohérence et d'une continuité propres à établir un contenant efficace pour Eric.

Sa mère, le « couve » en exerçant un contrôle sur l'environnement, qui contient très fort à l'intérieur de la dyade mais ne permet pas de penser l'extérieur. Le langage n'est alors pas une nécessité pour Eric.

Sa sœur née en l'absence du père, transforme brutalement la contenance maternelle qui change d'aspect et perturbe le développement d'Eric. Le sens est perdu. Un mois et demi après, il est envoyé à l'école, ce qui amène un contenant inconnu à se mettre en place sans persistance de celui qu'il connaissait avant, et dont il cherche à retrouver les caractéristiques auprès de la maîtresse.

Ces retournements de contenance sont de nature différente.

La mère a fait vivre à son fils une contenance simple qui va développer chez lui une tendance à la répétition, agie dans la reprise de la rupture vécue au moment de la naissance de sa sœur, où un autre contenant se confronte brutalement au premier.

Le père a fait vivre à son fils des oppositions de contenance : contenance absente, ou vide, lors de ses expéditions et contenance alternative, en succession, lors de ses présences. Toutes ces contenances ne s'emboîtent pas puisqu'elles alternent et se figent dans une éternelle reprise.

Avec son père, Eric développe alors une contenance de reprise alternative qui l'amène seulement à imiter son père, sans véritable identification.

Avec sa mère, la répétition de la décontenance traumatique l'amène à provoquer les rejets de tous les contenants substitutifs dans lesquels il s'adapte si bien dans les premiers temps.

Ces deux types de contenances sont en fait simultanés puisque rien n'est partagé entre les 2 parents sauf la violence et sa reprise éternelle. Il n'y a donc pas de contenance double, sauf peut-être dans la violence qu'Eric semble faire sienne.

Il ne peut pas alors se développer de superposition de contenance en intersection et aucun tiers-contenant ne peut inscrire ces superpositions quand elles sont mises à l'épreuve de la réalité de la rencontre avec des substituts. La justice elle-même, qui peut pourtant souvent s'imposer comme tiers-contenant social, ne peut que reproduire des contenances simultanées et successives, sans lien clair et surtout sans véritable superposition interactive.

Les contenants auxquels Eric est confronté sont archaïques, au sens de B. GIBELLO, et ne peuvent accéder pour lui à des formes symboliques complexes faute d'articulation entre eux. C'est alors dans la recherche d'intersections, entre les contenants parentaux, et leurs suivants répétés et repris, et de réunions entre ces contenants que la transposition pourrait s'établir.

Réunir la mère et le fils avec un troisième personnage, le père et le fils avec ce même troisième personnage, pourrait permettre alors à Eric de penser les ruptures au lieu de les répéter et les provoquer inconsciemment. Encore faudrait-il que cela se produise dans un tiers-contenant reconnu par tous.

7) **La rencontre (sociale) de l'individuel et du collectif**

Au-delà de l'identification sexuelle, de l'identité interculturelle, de l'émergence du sujet pensant, la contenance tierce permet d'établir une mobilisation du lien qui unit le groupal de l'individu et l'individuel du groupe.

Cette articulation paradoxale peut en effet situer, dans les codes sociaux envisagés comme tiers-contenants, la place du groupe qui réunit les individus et celle de l'individu qui compose les groupes. C'est une place issue d'une superposition qui ne peut pas être simple.

Les illustrations cliniques ont montré comment on pouvait repérer l'importance de la contenance tierce dans les situations individuelles ou collectives. C'est ici en termes de confrontation à des situations individuelles et collectives que l'accent sera mis. En effet, au-delà de la distinction entre individuel et collectif, il existe une valeur plus fondamentale, plus enfouie, qui les réunit ou les sépare, et qui échappe : l'individu du groupe de l'autre, c'est à dire autrui.

7.1 – Une opposition fausse

Le collectif ne s'oppose pas en réalité à l'individuel mais au distributif. En effet, une collecte recueille en un lieu divers objets, une collection est l'ensemble de ces objets, le collectif caractérise cet ensemble ou renvoie à celui-ci.

Le collectif concerne l'organisation du pluriel en singulier.

La grammaire le souligne avec les « noms collectifs » qui désignent un ensemble d'êtres ou de choses grâce à un nom singulier. C'est le cas pour la foule, le groupe, etc. ...

Distribuer est au contraire répartir entre plusieurs, la distribution est la répartition des objets ou des valeurs, le distributif caractérise le mouvement de distribution et renvoie au partage.

La distribution concerne l'organisation du singulier en pluriel.

Les mathématiques le marquent avec la règle de distributivité d'une loi par rapport à une autre dans un ensemble déterminé.

A quoi renvoie alors l'individuel ? Singulièrement, à ce qui est propre à l'individu. C'est là une tout autre dimension qui est celle de la divisibilité et de la négation de celle-ci.

Par définition, l'individu est un être organisé qui ne peut être divisé sans perdre ses caractères distinctifs. C'est donc une définition par le négatif qui affirme l'individu puisque, s'il est divisé, il n'existe plus. Cependant, il doit être divisible (divisible dit-on en mathématiques) pour que cette négation soit envisageable.

Di-viser c'est voir en deux, séparer en deux, repérer deux aspects distincts dans un tout.

L'individu est donc un être séparable en deux, qu'il ne faut pas séparer pour qu'il existe dans sa nature, son genre, son espèce.

L'individuation est ce qui distingue un individu d'un autre, ce qui renvoie à l'unité de chaque individu et, dès lors, à sa singularité.

L'individuel est donc ce qui ressort de l'existence, de la séparation en deux et de la négation de cette coupure.

Ce qui s'oppose à l'individuel doit prendre en compte ces trois éléments.

Ce qui s'oppose à la négation de la coupure est la coupure elle-même.

Ce qui s'oppose à la division est la négation de celle-ci.

Ce qui s'oppose à l'existant c'est l'absence ou la mort.

Concernant les deux premiers aspects, ils s'opposent l'un à l'autre et se retrouvent donc ensemble dans l'individuel.

Seule l'existence de l'individu peut alors donner lieu à opposition. Mais il faut qu'il y ait divisibilité et négation de celle-ci pour que l'individu existe. Pour qu'il n'existe pas, il suffit alors:
 - ou bien qu'il n'y ait pas divisibilité
 - ou bien qu'elle ne soit pas niée et se réalise.

Cela renvoie à la négation de la coupure ou à son actualisation.

Dans le premier cas, on retourne à une caractéristique de l'individuel et alors l'individuel s'oppose à l'individuel.

Dans le second cas, il y a clivage de l'individu et développement d'une psychose chez un être humain. Dans le cadre général, il y a création d'une nouvelle unité : la moitié.

Revenons au cas non pathologique, où l'individuel s'oppose à l'individuel. L'individu non divisible ne peut pas exister puisqu'il ne serait pas un individu. Comme en mathématiques tout nombre est divisible par l'unité et par lui-même, tout individu est divisible et relève donc du « dividuel » tout autant que de l'individuel, ou de l'indivis-duel ...

La divisibilité sépare deux regards de, et sur, la même unité et c'est dans cette articulation que l'individuel du premier regard s'oppose à l'individuel du second. C'est alors sur la nature du regard que va se poser la question du rapport à l'individuel de la divisibilité. En effet, la différence des regards introduit un changement dans l'individu lui-même, par la vision autre que chacun y porte. C'est un changement de nature pour l'individu mais qui n'entame pas sa valeur individuelle.

Gilles DELEUZE le rapporte à ce qu'il appelle les « quantités intensives » qui restent liées à ce qui est senti (68, p. 327) : « L'indivisibilité de l'individu tient seulement à la propriété des quantités intensives de ne pas se diviser sans changer de nature. Nous sommes faits de toutes ces profondeurs et distances, de ces âmes intensives qui se développent et se ré-enveloppent. » Il appelle « facteurs individuants » les intensités enveloppantes et enveloppées, de ces différences. Pour lui, l'individualité n'est pas ce qui caractérise le Moi du Sujet, mais au contraire ce qui fonde et développe ce qu'il appelle « système du Moi dissous. ».

Lorsqu'il évoque cela dans le monde psychique, il situe l'individuation par rapport à des « centres d'enveloppement » qui témoignent pour les facteurs individuants, ceux-là même qui dépassent l'individualité. Ces centres sont constitués par une structure appartenant au système Je - Moi qu'il appelle

« autrui ». « Elle ne désigne personne mais seulement moi pour l'autre Je et l'autre Je pour moi ».

L'individuel est dans ce double regard, où moi et l'autre se retrouvent de manière réflexive.

La contenance tierce permet de penser l'individu comme élément d'un groupe, comme membre, et comme personne. L'individuel s'y décline autant dans le singulier personnel que dans le pluriel groupal. Le changement de nature n'est possible que si l'individu est divisible, mais dans l'ordre d'autrui.

L'individuel s'oppose alors à l'individuel quand la groupalité de référence, pour chaque sujet singulier, s'origine ailleurs, hors de lui.

Dans le cas pathologique de la séparation interne à l'individu, on se trouve dans la situation où le « dividuel » s'oppose et s'impose à l'individuel. La rupture se consomme et le dividuel transgresse l'interdit de l'in-dividuel dans un paradoxe psychotisant, l'un des deux « devient lui-même irréel » disait Ronald LAING. Chaque moitié est un moi ou un « faux moi ». La nature est d'ailleurs différente (un vrai, un faux) et l'identité n'a plus de sens. La contenance ne permet plus la substitution, par la représentation, de l'un à l'autre des contenants simultanés. Chacun s'intègre au code sans pouvoir s'ancrer dans un corps qui reste seul, ou morcelé. L'individuel n'a plus de sens et le sujet n'a plus d'existence possible.

Comment repérer alors une forme de contenance qui puisse structurer une nouvelle substitution, avec une intersection repérable dans un tiers contenant socialisé ? Nous avons vu que l'espace de la confusion y joue un rôle essentiel, dans l'intersection, dans la réunion, à condition de mettre l'accent sur un nouveau contenu.

7.2- **Le tiers-contenu**

Qu'il soit contenant de codes, d'indices, de signes, de règles, etc…le tiers contenant, le contenant global, intègre un tiers contenu de nature très générale, mais surtout homogène.

C'est cette homogénéité qui fait sa force de contenance, quasi universelle dans une culture, c'est elle aussi qui fait la difficulté à distinguer des sous groupes différenciés.

La voix de Jean l'ouï

Jean-Louis est une personne psychotique aux comportements extrêmes. La cyclothymie qui le caractérise l'amène à avoir des périodes dépressives intenses et quelques violences incompréhensibles qui rendent ses relations avec les autres assez dangereuses. Il est alors « hors de lui » et ne contrôle plus ses actes.

Lors d'une hospitalisation dans le service de psychiatrie, il participe à un groupe de musicothérapie, dont je m'occupe avec un autre psychologue.

La séance que nous allons évoquer commence par une écoute musicale avec détente corporelle. Les patients sont allongés au sol et un inventaire corporel est animé par mon collègue. Puis, après une prise de conscience de la respiration, du souffle, du murmure puis de la voix, il est proposé aux participants que chacun énonce son propre prénom pour faire apparaître le lien entre le corps et le code, celui du langage, au travers de la dénomination. À partir de cette production vocale spécifique, les échanges verbaux sont ouverts entre les membres du groupe..

La verbalisation, qui clôt la séance et l'analyse du groupe, montre une indifférenciation des personnes et une forte unité groupale déjà étudiée il y a quelques années (D. PERROUAULT, 84, 92).

Jean-Louis pourra exprimer l'étrangeté de son vécu clivé, qui souligne sa difficulté à différencier le moi et le non moi. Il dit en effet : « quand on t'appelle, on est étonné de ne pas répondre ». Il expliquera ensuite que ce « on » qui prend les positions internes ou externes, c'est ce qu'il vit en permanence : parfois il est dedans, parfois il est dehors. S'il y a effectivement un affaiblissement de la limite séparative entre l'intérieur et l'extérieur, il y a surtout pour lui une sorte de balance entre être dedans et être dehors.

Le plaisir qu'il a eu à participer est associé par lui au fait de pouvoir exprimer cette alternance de positions. Le cadre thérapeutique et situationnel de la musicothérapie en groupe lui a servi d'espace pour le vivre en un seul contenant. Ceci permet le premier repérage de contenances superposées et surtout la mise à jour de la réunion de contenants distincts qui lui donne l'occasion de penser les deux en même temps. C'est ici pour lui une accession à la possibilité d'utiliser le tiers-contenu des signes du langage, des indices sonores vocaux, des codes perceptifs, intellectuels et sociaux. Ce tiers-contenu, fait des éléments du code culturel, est ce qui est commun à tous les contenus internes à chacun des contenants en présence : société, service de psychiatrie, groupe de musicothérapie, …

L'occurrence de la superposition des contenants ouvre pour lui un espace de parole pour utiliser les codes et signifier sa différence : parfois dedans, parfois dehors. Le « on » traduit le fait de pouvoir tant appeler que répondre. Cette prise en compte de l'alternance l'a situé comme sujet et comme autre, comme écouté et écoutant. La parole lui restitue le choix de l'alternance et lui donne l'initiative de l'expression d'un vécu qui, parce qu'il ne pouvait pas l'exprimer, ne pouvait être entendu par d'autres.

Si la structure technique, le cadre thérapeutique y jouent un rôle essentiel, c'est d'abord parce que le tiers-contenu commun rend possibles les passages, les transductions, les émergences, et ici principalement la verbalisation.

Aujourd'hui, Jean-Louis, même avec une Allocation aux Adultes Handicapés, peut vivre avec les autres, il n'a plus de comportements excessifs imprévisibles, même si la fragilité de la limite persiste en lui. Le suivi de secteur suffit à son existence.

Il semble clair que le langage ne suffit pas. Le tiers-contenu nécessite d'être organisé par des contenants, repérables aisément, pour que des changements de cette nature puissent apparaître. Mais, au-delà de la mise en évidence du cadre thérapeutique, dont après J. BLEGER on a su reconnaître l'importance et la valeur de fondation dans le travail thérapeutique, c'est la superposition de ces cadres et leur interaction, qui sont ici soulignées.

La contenance tierce articule, sur la base du tiers-contenant, l'émergence de nouveauté parce que le tiers-contenu maintient l'homogénéité qui est nécessaire à la cohérence des productions et donne un espace pour penser le sujet entre corps et code.

7.3- L'intersection individuo-groupale : l'autrui deleuzien

Si les codes et les signes s'organisent dans une logique singulière pour donner un ensemble identifiable, grâce à des caractéristiques particulières, cela ne peut être de manière systématiquement exclusive et c'est ce qui rend possible l'interaction.

L'individu est divisible parce qu'il est en même temps moi et image de moi, les deux étant distinguables, mais non séparables, parce qu'ils renvoient à la « même chose », à une représentation près.

Autrui est personne dit DELEUZE, ni Je, ni Moi. C'est en fait un pronom indéfini qui est un mot collectif de la grammaire et qui représente, dénomme plus exactement, le singulier du pluriel des autres. C'est un individu quelconque du groupe des autres. Mais pour un des autres, qui est un Je pour lui-même, Je est/suis soi/moi-même autrui puisqu'un quelconque des autres pour lui.

Autrui est alors une forme sociale de l'intersection individuo-groupale de deux sous groupes d'une catégorie culturelle du genre humain. Celle-ci est la forme indéfinie à laquelle tout le monde, et non plus personne, doit appartenir. De ce point de vue, moi et l'autre sommes la « même chose » : image et réalité réunies dans le même symbole linguistique singulier-pluriel.

Que l'autre soit moi ou moi l'autre, cela ne change rien pour chaque personne. Pourtant, moi ou un autre, c'est toujours un Je potentiel. Ce Je dont on a vu avec KAES qu'il était aussi groupo-personnel puisqu'il émerge dans cette zone de partage qu'est l'intersection de la personne et du groupe. Mais alors il est un Je actuel et non plus potentiel dans l'autrui deleuzien.

Le sac du monde

Reprenons l'histoire de Zénou présentée dans les observations questionnantes de l'introduction. Son corps, son esprit et le monde entier se téléscopent dans une vie à « comprendre ».

Dans ce cas, « autrui » est cette forme où tout se confond, les autres mais aussi lui comme auteur de l'acte, les autres éléments de sa problématique étant aussi confondus entre eux.

Dans cet amalgame, où les limites ne tiennent pas, trois éléments se distinguent :
- il a investi la relation avec moi parce que j'ai écouté sa confusion, il dit : « vous, vous me comprenez »
- il écrit à des voyants qui lui parlent de lui, cet autrui qu'il ne connaît pas
- il a « tenu le coup » en pensant à la jeune fille, seule image un peu différenciée dans le monde du « même sac » où il vit.

Le long travail thérapeutique l'a amené à distinguer des personnages de l'entourage, à se trouver des points de repère pour lui, et des limites. Un écueil persiste : son rapport avec les femmes. Elles restent imaginaires.

Un traumatisme sexuel, vécu vers 6 ou 7 ans, avec une vague cousine du père, orpheline de père et dont la mère était dépressive et liée au problème de bornage de l'histoire familiale, est alors évoqué. Cette verbalisation lui a permis de réintégrer son corps et une partie de ses esprits. L'articulation symbolique des contenants s'intègre dans la trame du langage, qui soutient le sujet. Il dit que, pour lui, « le plaisir est passé avant le désir et a tout cassé dans sa tête ». Il repère alors des liens, des associations, des événements et des personnages qui construisent peu à peu de l'unité en lui et de la diversité à l'extérieur où des autres peuvent se distinguer.

Ce cas éclaire comment un excès d'individuel peut s'immiscer dans le groupe, et inversement.

L'intersection est cet espace de partage sans confusion où le je, le moi et l'autre peuvent se retrouver sans se noyer l'un dans l'autre... c'est une contenance de substitution dans la représentation et non dans l'organique de Zénou où l'un est l'autre.

On voit bien ici que les indices corporels, les traces, les signes et les expressions du langage, tout contenu qu'ils soient, ne permettent pas aux contenants de formaliser des contours. En effet, les limites s'estompent au travers et par des histoires confuses et des liens embrouillés dans une réunion de contenance difficile à repérer.

Le travail sur l'intersection paraît relativement simple à mettre en évidence, sur le plan clinique, pour repérer ou élaborer des articulations de contenances, mais le repérage des réunions de contenances est plus difficile. Il semble tout aussi nécessaire mais plus complexe. Comment en effet réunir la personne et le monde entier, comme c'est le cas chez Zénou, sans rentrer soi-même dans le délire du patient ou une utopie confusionnelle stérile ?... Pour autant, cette conception de réunion de contenances, comme cadre du délire ici, souligne la valeur de reconstruction d'une réalité dont il faut redéfinir... les bornes.

7.4- La réunion de soi et du socius

La réunion de deux contenances en crée une plus large, souvent repérée, dans l'enfance, à l'intérieur de la dyade mère-enfant.

Un très intéressant article de Pierre JANET, publié en 1937, fait suite et termine une approche des délires d'influence et des sentiments sociaux reprise par le bulletin de psychologie. Cet article s'intitule « les troubles de la personnalité sociale » (94).

JANET y distingue deux personnalités : celle du sujet et celle du socius, en rappelant leur interdépendance : « j'essayais de montrer le caractère double de toutes les conduites sociales qui présentent toujours un mélange de la conduite du sujet et de la conduite attribuée par lui au socius » (ibid p. 163).

À propos des croyances sentimentales, il affirme : « le même acte est attribué vaguement dans le langage et dans la croyance aux deux individus principaux, le sujet qui parle et le socius. Cette confusion primitive a laissé sa trace dans un grand nombre de sentiments et de conduites » (p. 166). Il existe un moment du développement et des états pathologiques, rappelons qu'il étudie là le délire, où cette confusion apparaît et où « l'acte du socius imité et représenté et l'acte du sujet lui-même ne sont pas nettement distingués et se confondent plus ou moins en un seul bloc » (p. 167).

Pour mieux préciser sa pensée sur la « confusion » ou le « mélange », il décrit tout acte élémentaire du langage comme constitué de deux parties : « l'acte essentiel dans le langage comprend deux choses, la demande et la réponse, qui font ensemble, un seul et même acte. Cet acte, dans certains cas, pourrait être exécuté entièrement par le sujet et conserver son unité apparente... dans chacun des deux interlocuteurs se trouve en somme l'acte tout entier » (p. 172). C'était le cas rappelons-le pour Jean Louis.

Il élargit cela à tous les actes sociaux qui, pour lui, « contiennent toujours une combinaison des actes du sujet et de ceux du socius plus ou moins confondus sur le même plan ». Cette confusion est dissimulée par les actes de répartition qui apparaissent notamment dans les formes verbales actives et passives.

Il montre l'ambiguïté de cette répartition dans le langage en opposant d'une part « le sujet frappe » avec « le socius est frappé », où la répartition est claire, et d'autre part le sujet « parle » avec « non pas le socius est parlé mais le socius entend ou le socius écoute ». Dans l'hallucination verbale par exemple, lorsque le malade dit « j'entends ... », il s'agit pour JANET d'une erreur de répartition à propos de l'acte de parler.

La réunion des actes, il parle ici des actes sociaux et plus précisément des actes du langage et de la croyance, se joue dans la confusion du sujet et du socius et dans le mélange des deux parties de l'acte élémentaire.

Cette confusion peut se repérer sur le plan psychique dans l'enfance, dans l'hallucination ou le délire comme le souligne JANET, mais aussi dans des situations familiales fermées sur elles-mêmes.

Là où JANET parle « d'influence », autant pour l'enfant d'ailleurs que pour l'halluciné, WALLON parle de « contagion » à propos des émotions. Il situe lui aussi cette force dans l'action sociale : « leur force contagieuse elle-même est celle d'un système expressif qui semble s'être construit pour assurer la communauté nécessaire des réactions dans des groupes de type archaïque, où les relations entre individus étaient encore grégaires » (p. 134). Avec « l'accord des sourires entre la mère et l'enfant », il situe dans la relation première, ce partage de deux émotions unies.

C'est AJURIAGUERRA qui exprime clairement cette étape en parlant de la mère et de l'enfant : « Mais l'un et l'autre, lors de la réciprocité des actions, ressentent ces échanges comme une totalité, une confusion à deux, à partir de laquelle se crée la matrice de la communication » (p. 629).

Cette réunion-confusion est pour eux une base commune sur laquelle vont se construire la différenciation et l'individuation. Mais cette confusion reste sous-jacente et « dissimulée », comme le dit JANET, par la répartition des parties de l'acte. Cette répartition peut être pensée comme articulation symbolique des contenances distinctes dans leur réunion, comme dans la racine étymologique du terme symbole on trouve deux parties qui n'en font qu'une, ce que nous avons déjà abordé.

La « dissimulation » montre que cette confusion existe en permanence, dans le registre imaginaire sans doute puisqu'un processus symbolique l'y maintient. Le retour dans le réel de ces confusions va alors se jouer des individuations pour régresser à ces confusions pathologiques, hallucinatoires ou délirantes. Elles peuvent aussi apparaître dans le champs social, dans les sectes et tous les groupes fermés qui se marginalisent, ou encore se glisser dans des difficultés éducatives comme nous allons tenter de le voir avec histoire de Thomas.

a) L'indifférenciation dyadique et les confusions ultérieures

Thomas est un adolescent de 15 ans qui ne va plus à l'école, et souffre. Sa mère alerte les services sociaux par un courrier où elle sollicite leur aide. Je le vois dans le cadre d'une Investigation d'Orientation Educative, à la Sauvegarde de l'Enfance et de l'Adolescence, sur la demande du juge des enfants.

La mère est une femme qui s'alcoolise parfois et ne peut rester longtemps avec le même homme. Thomas en a « marre de ses beaux-pères ». Ses parents ont divorcé quand il avait 6 ans. Sa mère est restée huit ans avec un second homme. Actuellement, elle est enceinte de 2 mois1/2 d'un nouvel ami. Thomas fugue, vole, s'alcoolise lui aussi.

Sa mère a été placée à la Sauvegarde lorsqu'elle était adolescente. En accompagnant son fils, elle a reconnu les éducatrices et Thomas a cru à un complot.

Elle dit aujourd'hui qu'elle pourrait quitter son ami pour garder son fils, mais renvoie Thomas chez son père quand elle ne le supporte plus.

Thomas a une soeur de 12 ans qui n'est pas dans la même relation avec la mère. Quand elle est là, « ça les calme ». Il présente ses difficultés relationnelles avec sa mère comme ayant débuté à 10 ans, quand il a « commencé à pouvoir lui parler ». Il dit qu'il fonctionne exactement comme elle, chacun d'eux veut avoir raison. Leurs oppositions permanentes se jouent dans cette confusion.

Cette référence qu'il fait au langage, et à sa capacité de l'utiliser avec sa mère, souligne sa place dans un processus de distinction qui ne peut finir de se mettre en place correctement pour une bonne individuation.

En fait, Thomas a des questions, essentiellement sur les relations familiales, les distances et les liens, mais il n'a pas de réponse. Il essaye, comme l'a souligné JANET, de les trouver seul en faisant les questions et les réponses.

Les épreuves du test de niveau qu'il a passées (WISC III) montrent de bonnes capacités perceptives (CI=11 ; Cubes=9), et quelques difficultés dans la représentation mentale (Code=9 ; Mch=4). La crainte de ne pas réussir provoque une inhibition dans le développement cognitif et dans le désir d'apprendre et de découvrir.

Le projectif (TAT) montre que l'inhibition est associée à la solitude, l'isolement, l'abandon même, c'est-à-dire les situations où il se trouve isolé.

Des confusions entre les places identificatoires dans la famille soulignent cet espace anxiogène pour lui, ce reste de confusion des contenances qui ne permet pas une identification claire et des contenus différenciés :

- mère et fils sont situés dans la même génération, celle des enfants
- le père est difficilement situé vis-à-vis des places d'homme et de femme dans la famille
- les images de père et de fils donnent lieu à substitution.

L'absence de distance avec la mère et de proximité avec le père, ont amené les différences, sexuelle et générationnelle, à s'estomper, à ne pas être clairement délimitées.

La confusion primitive mère-fils est alors réactivée à l'adolescence, amenant Thomas à des passages à l'acte, à des confusions question-réponse, à une inhibition de ses capacités cognitives à découvrir un monde qui lui fait peur parce qu'il ne le connaît pas.

À la suite des investigations, le juge des enfants a ordonné une mesure d'Assistance Educative en Milieu Ouvert, le père devant cette fois assumer son rôle parental. La rupture brutale du lien à la mère et l'incapacité du père à se situer clairement ont fait échec à cette mesure. Thomas a dû être placé en famille d'accueil pour que des rôles parentaux sexualisés puissent être proposés à son expérience relationnelle quotidienne.

La décision judiciaire amène une rupture épistémique, au-delà de la rupture spatio-temporelle du placement. Celui-ci propose d'autres images et d'autres codes symboliques pour supporter la recherche d'identité. Ce ne sont que des réponses partielles, mais elles sont énoncées par un autre, grand ici de sa stature de juge, avec une symbolique de tiers-élément, apte à souligner les articulations de contenances pour les fixer dans des limites intégrables pour un adolescent en recherche. Qu'en sera-t-il alors de ce que les parents en auront entendu, pour qu'ils fassent vivre ce sens nouveau pour Thomas? ... L'avenir le dira.

b) Une réunion d'individuel et de collectif : le nom propre

On a vu que c'est fréquemment dans le repérage du langage, de la nomination des limites, que se joue la réunion. Autrui y est autant Soi qu'Autre.

Ce qui réunit une famille, sexes et âges confondus, c'est un lieu et des règles de vie, mais c'est aussi, et dès avant la naissance, un nom. Le nom-du-père aurait dit LACAN dans ce qu'il signifie d'unité de sens avant la lettre, un nom de famille devrait-on dire aujourd'hui tant le paternalisme ne se réfère plus au patronyme familial d'antan.

Si le totem représente le lieu de ralliement phallique du groupe, dans une confusion spatiale qui unit la tribu, le « nom propre » est un lien de ralliement pour une famille, un clan, une lignée.

C. LEVI-STRAUSS, dans son chapitre sur « l'individu comme espèce », tiré de son livre intitulé « La pensée sauvage », étudie la place de ce nom propre dans des groupes ethniques différents. Il y montre que le « nom propre est toujours du côté de la classification », c'est-à-dire que chacun d'eux représente un « quanta de signification » dans le système de civilisation. C'est là que se jouent la réunion et l'articulation des personnes. Il ajoute à cela la place spécifique de l'individu dans l'espèce : « Tout se passe comme si, dans notre civilisation, chaque individu avait sa propre personnalité pour totem : elle est le signifiant de son être signifié » (p. 285).

Dans le « propre » de la personnalité se place alors le singulier-pluriel de l'individu en son collectif, comme l'a d'ailleurs bien souligné R. KAES (2007). C'est alors quand le sujet, dans l'intersection, a son nom propre, dans la réunion, que la personnalité psychique peut être positionnée dans son intégrité et dans son groupe social : il a son propre nom, sa propre identité.

La forclusion n'est autre alors que le déni de l'inclusion de l'intersection dans la réunion, l'abolition symbolique de la contenance inclusive établie entre les deux nouveaux contenants de la contenance tierce.

La réunion de famille

La réunion des ensembles de parents et d'enfants, de mâles et de femelles, de personnes, dans une famille se joue donc dans une unité spatio-temporelle de vie quotidienne, mais aussi, à un autre niveau, dans l'unité familiale du nom propre.

Elle peut aussi se jouer dans la reproduction de comportements, choisis et identificatoires dans une similarité reconnue, ou au contraire imposés inconsciemment dans une reprise qui peut être pathologique. Cette réunion d'ensembles ne s'installe pas alors dans une simultanéité qui confronte les personnes, mais seulement dans une succession discontinue d'attitudes, qui évite parfois la mise en problématique des difficultés.

Le cas de réunion familiale que nous allons évoquer ne s'apparente pas à un conseil de famille. Cette réunion concerne la confusion des enfants dans la succession de leurs adolescences, précisément pour faire face à l'absence d'union familiale que le couple parental maintient, dans une reproduction trans, intra, et inter-générationnelle.

Nous appellerons cette famille « les » « Ombré – Brouillard » tant cet article défini souligne bien une forme confusionnelle du groupe dans le langage courant. Ombré est le nom propre de la femme et Brouillard celui de l'homme.

Mr Brouillard a eu 2 fils d'un premier mariage : Chris en 1974 et Terry en 1975. Son épouse a disparu sans rien dire en

1976. Longtemps considérée comme morte, elle réapparaîtra beaucoup plus tard et le divorce sera prononcé en 1991.

Mme Ombré a eu 1 fils d'une première union, Tom, né en 1974, puis une fille, Estelle, née en janvier 1978, 4 mois après la séparation du couple, divorcé en 1980. Tom vit avec son père dont il porte le nom et Estelle avec sa mère dont elle porte le nom de jeune fille, Ombré.

Le couple s'installe, ils font vie commune en 1978. De cette union naissent : Sally en 1979, Jerry en 1981, Elodie en 1984, Jenny en 1986 et Brandon en 1992.

Le nom de famille n'existe pas vraiment ici puisqu'ils ne pouvaient pas se marier, Mr Brouillard n'ayant divorcé qu'en 1991, mais surtout parce que Mme Ombré a souvent dit n'avoir plus les papiers administratifs et a ainsi inscrit ses enfants sous l'un ou l'autre des noms propres des parents, à l'école, les clubs de sport, etc.

Elle a toujours appelé Brouillard les 2 fils de son concubin, Tom du nom de son père et Estelle de son nom à elle. Mais pour les enfants du couple, on trouve jusqu'en 1995, dans les enquêtes sociales et les fiches d'état civil qu'elle a faites faire, le fait que, de Sally à Brandon, ils portent tous son nom à elle : Ombré. Dans les ordonnances judiciaires, à partir de 1990, Estelle et Sally sont nommées Ombré tandis que Jerry, Elodie et Jenny, et plus tard Brandon, sont nommés Brouillard. Ainsi, les 4 enfants du couple portent, au gré des situations et du désir de leur mère, l'un ou l'autre des noms ... propres.

Mme Ombré a subi, à 5 ans, les violences d'un de ses frères, Alain, de 9 ans son aîné. Ils étaient 5 dans la fratrie où elle était la 4ème. A 17 ans, elle fugue. Elle est décrite alors comme « agressive » et « affabulatrice ». Elle dit de Mr Brouillard qu'il a été « un enfant martyr » et de ses 2 fils, parce qu'ils ont été placés à l'Aide Sociale à l'Enfance après le départ de leur mère, qu'ils sont « des martyrs de l'administration et des services sociaux ». De fait, il a lui aussi subi des violences et des séparations traumatiques dans sa petite enfance et à l'adolescence. Cette victimisation est alors toujours mise en avant par Mme Ombré pour justifier ses propres violences.

Ils ont repris les enfants de Mr Brouillard lorsqu'ils se sont installés ensemble, en 1978. Sally porte, à sa naissance en 1979, un handicap et, dès 1980, Mme Ombré décide de revenir dans son pays, à la campagne, « pour la santé de Sally ». Mr Brouillard reste seul à Paris, puisqu'il y travaille, Mme Ombré est seule avec Chris, Terry, Estelle sa fille et Sally, handicapée. Elle a du mal à assumer seule les enfants et demande à Mr Brouillard, qui rentre tous les 15 jours, de corriger ses fils parce qu'ils ont été insupportables.

Rapidement, Mr Brouillard tombe malade. Il est dépressif, car seul dans une petite chambre en région parisienne, il est la risée de ses collègues de travail, et se sent malheureux de voir que cela se passe mal entre ses fils et sa compagne. Il culpabilise de taper ses enfants quand elle le lui demande, mais ne peut pas faire autrement.

En 1984, la première enquête sociale est ordonnée. Tom est resté avec sa mère après une période de vacances, refusant de retourner chez son père. Jerry est né en 1981. Mr Brouillard est au domicile, en longue maladie et Elodie vient de naître, en 1984. Les aînés ont 10 ans et la tension est de plus en plus forte. Le père n'arrive pas à sortir de sa torpeur dépressive, sauf pour être violent avec les aînés lorsque Mme Ombré le lui demande.

En 1986, une Assistance Educative en Milieu Ouvert est ordonnée, Chris et Terry ont été frappés par Mme Ombré avec des fils électriques. En 1987, Tom est placé à l'A.S.E., en 1990 c'est Terry, en 1992 Chris, en 1997 Sally et Jerry, en 2000 Elodie et Jenny. Cette année-là, le couple se sépare, Brandon reste avec sa mère qui va vivre chez sa fille Estelle.

C'est toujours la violence qui est à l'origine des placements. La mère est décrite comme « impressionnante », « habile en parole », s'adaptant à tous les interlocuteurs, manipulant ou évitant les travailleurs médico-sociaux. C'est elle qui accuse les services sociaux d'incompétence, et Mr Brouillard de ne pas avoir d'autorité. Les enfants la craignent mais la respectent. Mr Brouillard exerce la violence en s'en défendant, sans capacité de recul et de maîtrise.

L'analyse est toujours la même : petits, les enfants aiment leur père et sont attachés à leur mère. Lorsqu'à l'adolescence ils commencent à comprendre le fonctionnement familial, ils s'opposent et la violence des parents s'installe. Un signalement est fait par les services sociaux ou l'hôpital. Le juge des enfants intervient et protège celui qui est alors l'objet des sévices corporels. Les plus âgés expriment leurs craintes de la reproduction, percevant bien la reprise du scénario par lequel ils sont eux-mêmes passés.

Il y a là comme une ritualisation, quasi initiatique à l'adolescence dans la fratrie de cette famille, et les placements s'égrènent avec l'âge des enfants. Tous les aînés se sont éloignés des parents sauf Estelle, qui est sûre de ne pas être la fille de Mr Brouillard, mais ne sait pas si elle est du même père que Tom, l'aîné de sa mère. Elle est avec sa mère, elles ont ouvert un lieu de restauration avec l'argent d'Estelle car Mme Ombré a toujours eu d'énormes dettes qu'aucune tutelle n'a jamais pu maîtriser.

C'est ici la réunion, non pas d'un ensemble cohérent de sous-ensembles bien délimités, mais plutôt d'une série de comportements et de relations, unis par la reproduction de la violence d'une génération à l'autre, où l'adolescence joue un rôle de déclencheur. L'espace, le temps, le nom ne sont pas ici unificateurs. Il y a alors un amalgame, plus proche du pictogramme que d'un ensemble uni par un signifiant familial, dans lequel les intersections qui y sont incluses seraient repérables clairement, si l'on se réfère au modèle de la contenance tierce.

8) Réseau et partenariat : des contenances à inscrire

Le terme de partenariat est à la mode depuis plusieurs années, celui de réseau vient parfois le heurter ou s'y substituer.

Le partenariat c'est l'ensemble des partenaires. Les partenaires sont les personnes, physiques ou morales, qui réalisent une activité les unes avec les autres. Le réseau est défini comme un ensemble de personnes ou d'organismes qui sont en relation pour agir ensemble.

Dans le secteur social, comme dans celui de la santé, on retrouve fréquemment ces notions, ce qui se comprend d'autant plus qu'ils concourent tous les deux au rétablissement de liens. S'il y a souvent confusion entre les deux notions, c'est qu'il est difficile de faire apparaître leurs spécificités et plus encore de les mobiliser clairement.

En tant que groupes sociaux ou qu'ensembles de personnes, morales ou physiques, partenariat et réseau sont deux formes de contenants qu'il est bon d'étudier avant d'en faire des panacées pas toujours efficaces.

8.1- Des ensembles à différencier

Un partenariat est, le plus souvent, défini à partir d'un objectif déterminé et mobilise des partenaires institutionnels. Chacun prend une part de l'action à mettre en place pour atteindre l'objectif.

Un réseau, qu'il soit d'influence, de résistance, d'amis ou autre, représente un ensemble de personnes réunies par une cause commune.

Les partenaires sont des alliés. Ils définissent ensemble une stratégie et se répartissent des rôles. Qu'ils soient deux tennismen jouant un double, deux entreprises en sous traitance, deux syndicats de patrons et d'employés, un créateur et son banquier, une association et le conseil général, un service et son ordonnateur, un établissement et son financeur, etc... chacun doit jouer son rôle pour que l'ensemble fonctionne et que l'objectif commun soit réalisé.

Par contre, il n'existe pas de terme pour désigner les membres d'un réseau. On en trouve une explication en revenant à l'etymologie. Le mot réseau est en fait un diminutif de rets qui désigne un filet pour attraper les oiseaux. Un réseau est un maillage, un entrelacement de fils, de liaisons, c'est un ensemble de liens. Ce qui compte alors n'est pas la personne en soi mais les relations qu'elle a établies avec les autres membres du réseau. Cela explique notamment pourquoi les réseaux sont moins souvent organisés bien qu'ils représentent de forts contenants pour ceux qui y « appartiennent ».

Une des différences majeures qui les distingue est que le partenariat est opportuniste, il existe pour un objectif et disparaît avec lui, tandis que le réseau préexiste à son utilisation et peut rester « dormant » jusqu'à ce qu'il soit réactivé pour une raison particulière.

8.2- La partition dans le partenariat

Dans le partenariat, chacun fait sa part de l'action à mener. Les liens entre les partenaires sont donc exclusifs de l'action en cours, ils définissent ce que chacun doit réaliser par rapport à l'objectif global. Il y a alors une contenance partielle pour chaque partenaire avec une assignation qui stipule la contenance partielle, partitive, vis-à-vis de l'ensemble que représente l'objectif global. Cette structuration nécessite une partition de l'action à mener, à partir de l'analyse de l'objectif qui, elle, est anticipatrice.

Un accord doit sceller cette répartition des tâches et l'engagement de chaque partenaire pour sa propre part. C'est une partition que tous doivent jouer ensemble pour que le tout soit concluant. Il suffit que l'un se dérobe pour que l'entreprise entière soit un échec. Cette dépendance caractérise la contenance simple entre chacun et l'ensemble, avec absence d'éléments communs, en intersection.

Pour jouer la partition, il faut un chef d'orchestre. On nomme le plus souvent un « pilote », ou même un comité de pilotage, pour organiser l'ensemble des actions des partenaires. Le système devient vite très lourd car il n'y a pas de véritable lien hiérarchique dans cette contenance simple simultanée, et chacun va essayer de tirer des avantages pour lui-même, en fonction de ses seuls objectifs personnels. Tout le monde veut commander.

C'est un des inconvénients de la contenance simultanée : tous dépendent de l'un et chacun veut influencer l'ensemble selon son propre point de vue.

Il est alors essentiel de préciser qui fait quoi, quand et pourquoi de sorte que tout soit bien clarifié à l'avance pour éviter les écueils et les échecs dans des stratégies qui coûtent beaucoup en temps et en confiance accordée.

Ce sont les institutions, ces groupes sociaux organisés qui utilisent davantage le partenariat précisément parce qu'il oblige à une analyse, une répartition et donc un partage des responsabilités. Elles passent entre elles des conventions, des accords, qui fixent les engagements de chaque institution partie prenante dans la réalisation de l'action qui est supposée permettre d'atteindre l'objectif que toutes partagent. Elles se distribuent les champs d'action, relatifs à une mission, une politique, un impératif légal ou un choix local de vie. Il est alors essentiel que les accords soient respectés pour que d'autres contrats puissent être envisagés.

Outre cet aspect de respect des engagements qui est fondamental pour que le partenariat fonctionne, il faut considérer l'aspect d'anticipation nécessaire à la mise en place du partenariat. En effet, l'analyse de l'objectif, qui n'est jamais parfaite puisque développée avant coup, risque de mettre les différents partenaires dans l'embarras lorsque la réalité des actions va se mettre en jeu. L'équilibre de la répartition peut alors être mis à mal, parfois jusqu'au souhait de désengagement d'un des partenaires, qui lâche ses coéquipiers ou reste mais en « traînant les pieds » avec les conséquences désastreuses que l'on a évoquées plus haut. Les dysfonctionnements peuvent alors se développer sans que l'engagement soit effectivement ou non dénoncé.

La fragilité du partenariat réside bien alors dans ce respect de la signature engagée de l'institution.

Là apparaît une autre considération : celui qui signe pour l'institution est une personne, un représentant responsable de celle-ci. La confiance accordée l'est alors souvent à la personne, porteuse du projet pour lequel elle engage l'institution vis-à-vis de l'objectif global. Si cette personne change pour une raison quelconque, l'engagement peut être alors remis en cause. C'est ce qui se passe par exemple lors d'un changement de gouvernement au niveau de l'Etat, d'un conseil municipal, d'un conseil d'administration, etc...

L'institution doit alors avoir une « parole » susceptible d'être tenue, au-delà des personnes qui la représentent. On sait que cela ne peut être réel que sur une période de temps limitée, dans une conjoncture identique.

Le partenariat est donc par essence éphémère, lié à un type d'objectif restreint dans l'espace et le temps, et à une partition définie des actions des partenaires. Il engage des personnes, le plus souvent morales, que sont les partenaires. La contenance concerne alors ces personnes.

8.3- Les liaisons dans le réseau

Dans un réseau, chacun active un lien avec un autre membre du réseau. Ce qui compte alors est le type de relation qui unit les personnes et non plus les personnes elles-mêmes comme la définition nous l'a rappelé plus haut.

Les relations sont des liens durables, fondés sur une confiance réciproque entre les personnes qui s'est établie sur un long terme. Ces personnes sont alors nécessairement humaines et non morales. Chacune a établi un ensemble de relations qui lui est propre. Un réseau de liens caractérise alors un ensemble de liaisons qui est structuré et partagé par plusieurs personnes. La contenance du réseau concerne les liens et non plus les personnes, même si ce sont elles qui peuvent activer ces liens.

Le réseau existe en soi, même si aucune action précise ne le matérialise. Il peut être organisé, avec un chef qui structure une hiérarchie ou un sens de passage des informations. C'est lui qui distribue les rôles s'il y a lieu. Il peut n'être pas structuré de manière ostensible et le réseau est mobilisé par l'un ou l'autre des membres, au gré des opportunités. Il se peut même que la réalité du réseau dans son entier échappe pour partie à ceux qui y appartiennent.

Le réseau fonctionne alors en activant les liens, le plus souvent en relais. La contenance globale du réseau est constituée de contenances simples successives.

Lorsqu'un réseau est mis en action apparaîtra alors un objectif. Celui-ci pourra être revu à chaque changement de lien et c'est là la principale faiblesse du réseau. Il ne sera fort et efficace que si il est cohérent.

La cohérence d'un réseau ne se décide pas parce qu'il n'est pas né d'un engagement écrit et signé comme l'est celui d'un partenariat. Un réseau tient essentiellement sur des engagements non verbaux, le plus souvent tacites, mais qui engagent moralement chaque membre.

Ce ne sont pas des institutions qui peuvent se mettre en réseau car les liens de confiance que cela implique ne touchent que des individus. La « parole » est alors celle que l'on peut donner à l'autre parce qu'il est avec soi dans un lien fort qui a du sens dans le réseau. C'est à partir de ce genre de mode de liaison que l'on va pouvoir faire « jouer ses relations » et l'on comprend que cela reste parfois dans la discrétion voire l'anonymat que se déroulent ces actions de réseau.

Le réseau, à l'inverse du partenariat, préexiste donc aux objectifs qu'il peut se donner. Comme le rets pour les oiseaux, le réseau capte des objectifs qu'il fait siens au gré des rencontres de ses membres.

La contenance concerne là les liens. Ils seront mobilisés selon le désir des membres et s'organiseront dans la succession des actions ponctuelles, que celles-ci soient alternatives, c'est-à-dire avec un retour à l'origine, ou linéaires en se développant selon les relais utilisés.

La contenance du lien concerne précisément ce qui se relaye ou se partage d'une action en cours lors du passage d'un membre à l'autre au travers du lien qui les réunit. Cela correspond à une fonction du lien dans la terminologie de R. KAES (96). La contenance du réseau est alors la réunion des contenances simples successives des liens dans ce réseau. Plus le réseau est riche de liens et plus il a de possibilités, mais plus également de risques d'incohérence.

8.4- L'articulation du partenariat et du réseau

On a vu que les contenances simultanées ou successives renvoyaient au double ou à l'écho, avec des répétitions en duplex ou en reprise. C'est-ce qui peut se passer dans les formes de contenances associées au partenariat et au réseau.

Pour construire une contenance tierce, il faut alors que se retrouvent contenance simultanée et contenance double. Ici, il faudra tenter d'articuler la contenance successive des réseaux et celle simultanée des partenariats.

Il n'est pas rare que se superposent en réalité un réseau de liens et un ensemble de partenaires, mais sans que les effets de cette composition non révélée soient envisagés et a fortiori étudiés. Des institutions peuvent être partenaires pour un objectif, et les personnes qui réalisent les actions se trouver en réseau. Cela peut alors faciliter les choses, ou les compliquer, mais aussi parfois les déformer voire les pervertir. La contenance tierce peut alors être mise à contribution en mettant en évidence les conséquences de cette superposition de contenances.

Il faut alors faire apparaître le réseau des liaisons qui joignent les personnes qui agissent au nom des institutions qui sont partenaires, c'est-à-dire de mobiliser les liens qui les unissent, tant comme personnes physiques que comme représentants de personnes morales. Cette perspective n'est pas toujours facile à construire parce qu'elle mobilise des liens interpersonnels que les individus ont parfois du mal à laisser paraître tant ils les mettent en scène de manière subjective, affective, voire intime.

Quels sont les liens qui se trament entre les membres d'un comité de pilotage relatif à une action de partenariat? Y avait-il entre certains des relations préalables? Étaient-elles de nature positive, négative, de rivalité ou de concurrence? Personnelles ou professionnelles, amicales, hiérarchiques, vicinales, affinitaires, de haine ou d'amour, etc… Toutes ces questions devraient pouvoir être évoquées pour évaluer les potentialités du comité.

La dynamique d'un groupement d'action est d'abord temporelle. Moins elle est ralentie, plus elle est rapidement efficace. L'articulation de succession et de simultanéité permet une meilleure spatialisation et donc une meilleure répartition des actions partitives et limite les scléroses de processus.
C'est le genre d'avatar qui se développe avec les « filières ». Les personnes qui voient tel travailleur social par exemple, sont envoyées vers les mêmes spécialistes parce que ce sont ces praticiens qui ont une bonne relation, ou simplement une bonne image, auprès de ce travailleur là. Un autre professionnel adresserait peut-être ailleurs, dans un autre réseau. La répétition de ce type d'action amène une systématisation des réponses qui caractérise un sclérose du processus d'orientation dans un réseau déterminé, que l'on peut repérer après coup mais qui est rarement énoncé par les intéressés. Ce réseau s'installe progressivement, parce qu'on préfère travailler avec untel qui comprend mieux, avec qui l'on s'entend bien ce qui rend les communications plus faciles, et donc réellement plus efficaces, tout autre élément étant identique.
Autre avatar, à ne définir que des partenaires, nécessairement en nombre limité, on détermine des acteurs obligés indépendamment de leurs relations et de leurs capacités à travailler en commun. Ces partenaires, classiques parce qu'ils sont souvent les mêmes, n'offrent aux objectifs communs pas d'autres perspectives que leurs seules possibilités, qui nécessitent en plus d'être harmonisées. Cela crée alors de fortes limitations ou de grandes lenteurs dans la réalisation des actions. D'autres structures ou personnes pourraient peut-être apporter des éclairages ou des propositions différentes…

Pour mettre en contenance tierce les contenances des partenaires dans un partenariat et des relations interpersonnelles dans un réseau, il faut d'abord identifier le tiers-contenant et ensuite repérer les intersection et réunion de ces deux ensembles.

Vis-à-vis d'un objectif déterminé, le tiers-contenant sera l'ensemble de tous les intervenants possibles pour réaliser les actions qu'implique cet objectif, et toutes les relations qui peuvent les unir. Cela va mobiliser des champs d'action, des secteurs d'activité ou géographiques ou encore des personnes habilitées, autorisées ou reconnues aptes à ces actions. C'est le plus souvent un secteur identifié et descriptible.

L'ensemble des partenaires est donc un sous ensemble des personnes aptes à intervenir, le plus souvent des personnes morales, groupées à partir de l'objectif qui définit ce partenariat déterminé.

L'ensemble des liens mobilisables par rapport aux actions qu'implique l'objectif constitue le réseau des relations interpersonnelles susceptibles d'être utilisées par rapport à celui-ci.

La réunion des deux ensembles constitue le maillage des personnes et de leurs liens, vis-à-vis de l'objectif, et représente symboliquement l'ensemble des processus possibles, donc les actions potentielles de ce groupement. C'est à ce niveau que peuvent s'envisager toutes les solutions possibles, c'est à partir de là que les diverses commissions du secteur vont pouvoir élaborer des plans d'action, des hypothèses de travail.

L'intersection des deux ensembles représente les personnes et leurs liens qui sont directement en action, c'est-à-dire non seulement les institutions nommées pour intervenir mais aussi leurs articulations. C'est à ce niveau que vont se décliner les complémentarités, relais, cohésion et cohérence, synchronisations et répartitions etc… que leurs liaisons vont permettre, ou non.

Les confrontations ne doivent pas alors se développer dans le seul rapport duel des deux ensembles, ce qui génèrerait rapidement des rivalités, oppositions ou blocages, mais être convoquées à leur rencontre avec un tiers-élément, c'est-à-dire un élément ou un sous ensemble du secteur qui n'appartient ni au groupe des partenaires mobilisés ni aux relations mises en jeu dans les actions décidées.

La contenance tierce permettra alors de structurer les interventions dans le rapport direct aux actions à disposition du secteur, mais sans que des systématisations, des inhibitions ou des scléroses s'installent.

Il faut alors toujours définir un tiers-contenant qui puisse intervenir pour organiser les coopérations interinstitutionnelles qui sont nécessaires à certaines actions complexes. L'inscription de ces modalités d'interaction est alors essentielle pour repérer la tierce contenance et pouvoir l'utiliser quand c'est le moment, sans attendre que les effets des dysfonctionnements soient trop voyants et trop avancés.

IX - **CONCLUSION**

Si j'ai insisté ici sur la contenance psychique, c'est que je suis psychologue clinicien et plus à-même d'évoquer les aspects psychologiques de la contenance tierce. Mais cette approche est globale et le support mathématique de cette présentation permet de lui garder cet aspect général qui me paraît intéressant concernant l'approche des articulations de contenances.

Un modèle général

L'étude de la contenance permet d'utiliser des repérages identiques pour les individus, les groupes de personnes, les institutions et de penser leurs confrontations et articulations.

Plus les techniques de communication évoluent et plus les groupes considérés sont larges (cibles, masses...). Plus les techniques d'investigation évoluent et plus les unités de bases sont divisées. C'est le cas du corps humain, des cellules mais aussi des atomes et de la partition des particules élémentaires.

L'infiniment grand, comme l'infiniment petit, sont toujours aussi attractifs, et nous manquons alors de maillons pour aller de l'un à l'autre. Si nous construisons des hypothèses et des modèles explicatifs cohérents dans une épistémologie scientifique de plus en plus ardue, nous manquons d'éléments d'articulation entre eux. S'ils forment des contenants auxquels on s'attache à accorder une force la plus grande possible, on a du mal à articuler, organiser ces contenances. Nous avons présenté des éléments de base pour certaines de ces articulations possibles, en nous limitant à 3 ou 4 contenants, parce que la complexification est très rapide et qu'il convient de bien fonder cette approche avant de l'élargir.

Le domaine psychique, où elle est ici développée, surtout en termes d'exemples et d'éclairage concret, est celui d'une pratique de psychiste, mais d'autres domaines pourraient en être le support de présentation et d'explication. Dans ce champ cependant, il semble intéressant que d'autres chercheurs essaient le modèle, sans quitter leurs propres repères d'hypothèses de travail, leur propre champ de référence.

La contenance tierce est là, propre à confronter, organiser, car elle permet l'inscription de conflits pour que ceux-ci ne soient pas de simples combats, des dénis, des maltraitances ou des rejets, mais bien des « questions », celles de l'existence, de l'origine, de la différence, de la dépendance ou du partage. Bien d'autres encore, sans aucun doute, peuvent s'y associer pour com-prendre, c'est-à-dire con-tenir, garder, échanger etc...

Il n'y a souvent pas de réponse à une question, mais seulement l'élaboration d'une nouvelle question, probablement parce que l'articulation de deux questions a permis un éclairage différent pour une problématique.

Ainsi, plus le contenant est large et prégnant, plus il permettra une contenance tierce pour d'autres contenants. La contenance articule des opposés. La définition en a repéré quelques uns dans le physique-psychique, qualitatif-quantitatif, accueillant-retenant, exprimant-contrôlant.

La contenance tierce articule des couples d'opposés comme par exemple les groupes fondés sur la différence des sexes et les groupes fondés sur la différence des générations dans le domaine psychique. Ce sont là des outils de pensée dont l'utilité vaut par l'ampleur des possibilités de leur emploi.

Irons-nous jusqu'à dire que leur simplicité les soutient, je le pense personnellement. C'est de force de contenance dont il s'agit ici et dont on a perçu l'importance tout au long de ce texte.

La force de contenance

On a vu qu'elle tient au groupage ou au maintien.

Dans le premier cas, elle met en jeu la *capacité* (exemple du territoire) en mobilisant son attractivité, c'est-à-dire sa capacité d'attirer en lui des contenus, et son élasticité qui permettra de garantir sa clôture même si des éléments y entrent ou en sortent. Plus son fondement est certain, indiscutable, plus la contenance sera attractive et l'élasticité grande.

Il s'agit de « se rallier », à une idée par exemple. L'indiscutable peut être ici à référer à l'irréfutable dans le domaine scientifique de la pensée par exemple, ou dans le domaine perceptif à l'intangible. Il peut être référé également à l'évident, c'est-à-dire ce qui va de soi et n'a précisément plus besoin, ni d'être pensé ni d'être perçu. C'est le cas de l'air qu'on respire.

Moins on a besoin d'en parler, plus une contenance est attractive, c'est la raison pour laquelle, par exemple, l'interdit de l'inceste n'est pas édicté comme une règle et n'a qu'exceptionnellement besoin d'être énoncé.

Dans le second cas, elle fait appel à la résistance de la contenance, mettant en jeu, d'une part la force du maintien des éléments dans l'ensemble, des contenus dans le contenant, il s'agit de résistance à l'hémorragie, et d'autre part l'adhésivité des éléments entre eux, c'est à dire la force d'agglomération de l'ensemble. Comme on adhère à une idée, un parti, une association, on s'y colle. C'est ce qu'on voit agir comme force dans un groupe de croyance : on y croit « dur comme fer », là où la paranoïa du groupe assure son identité même.

Bien entendu, la force du tiers-contenant est plus importante encore parce que plus large et donc plus globalisée. C'est ainsi que la force de contenance d'une culture doit être plus grande que celle d'une langue, elle-même plus forte que celle d'une parole etc...

La contenance tierce, si elle confronte les forces de deux contenants partiels, doit garder intacte pour les deux en présence, la force du tiers-contenant, tant attractive qu'adhésive, au risque sinon de ne plus les contenir et n'avoir plus aucune action possible sur leur confrontation, qui deviendrait alors une lutte à mort où l'un dévore l'autre.

Les contenances articulées

On a vu que l'articulation dépend de la composition des contenances et des forces de contenance en présence. Elle est surtout rendue possible par la contenance tierce qui permet de garantir les variations du conflit d'appartenance mis en jeu par les contenances partielles qui, elles, restent internes au tiers-contenant. En effet, dans une contenance simple par exemple, si l'on peut parler de composition de contenances, on ne peut pas en évoquer l'articulation à proprement parler. Un ensemble ne peut qu'inclure l'autre et c'est tout. Les forces de contenance de l'un et de l'autre sont indépendantes.

Il en est de même dans la contenance simultanée. L'articulation des contenances ne peut donc se faire que lorsqu'il y a contenance partielle partagée, impliquant cohabitation ou conflit. Elles ne peuvent s'articuler, c'est-à-dire se contraindre et s'affranchir, que s'il y a une autre contenance globale, à laquelle toutes les deux peuvent être référées, dans le sens où les éléments dont elles se partagent ou se disputent la contenance sont tous, sans équivoque, contenus dans un même contenant.

Les grands tiers-contenants sont souvent évoqués par les grands penseurs d'une époque, alors qu'ils restent pour l'essentiel aveugles à la majorité de la population, mais sont d'autant plus agissant. FREUD évoque la civilisation, MERLEAU- PONTY la culture, MARX les classes etc... les mythes y jouent un rôle important, les fables et les contes les perpétuent.

Chaque échelle d'approche d'une problématique doit permettre d'élaborer les articulations de contenance qui y sont agies, en termes de force, et de repérer le tiers-contenant le plus opérant.

Les tiers-éléments

N'importe qui mais pas tout le monde.

De ce qui vient d'être évoqué, il découle que la contenance tierce, à mobiliser dans tel ou tel conflit, doit être bien repérée par tous les participants comme inclusion de tous, indiscutable et incontournable.

La complémentarité dans cet ensemble fait que n'importe quel élément de l'ensemble tiers-contenant peut intervenir comme tiers-élément, juge, arbitre, témoin, thérapeute, médiateur etc... pourvu qu'il appartienne au tiers-contenant mais à aucun des deux ensembles dont les contenances sont en confrontation. Cela ne peut donc pas être simplement tout élément qui n'appartienne ni à l'un ni à l'autre des contenants en conflit. La fameuse tierce-personne, si souvent évoquée pour intervenir par rapport au conflit entre deux autres personnes, ne doit pas être seulement « extérieure » mais aussi reconnue comme un pair vis à vis de la contenance tierce qui aura été repérée. Sa capacité à ériger un texte d'accord avec les deux opposants est notamment essentielle pour la fonction qu'on lui suppose dans les effets de triangulation que sa présence implique. Ces effets sont d'ailleurs différents selon la fonction psychique de triangularité qui est mobilisée, qu'elle soit de tri, ter ou tiers (PERROUAULT, 02).

La contenance tierce est une approche, la formalisation d'un regard posé de manière clinique sur des sujets, individuels, groupaux ou institutionnels. Ni théorie, ni compréhension, c'est un mode d'appréhension et de traduction d'événements, de forces, et de positionnements. C'est une schématisation, qui pose un cadre pour voir et entendre ce que des sujets donnent à démêler de leurs démêlés avec eux-mêmes ou d'autres.

Des plis dans la toile ...

Lorsque LEIBNIZ invente un précurseur de l'inconscient collectif, il en fait une interaction : « Une chaîne inconsciente, opaque, relie toutes les réalités de l'univers » (selon J. RUSS p.79). C'est ce qu'il appelle le « tissus », une toile, un tiers-contenant dirions-nous, ce qui, au delà de tous les autres, soutient la pensée humaine individuelle - collective. Cette toile est tramée et tissée par cette chaîne où le langage tient une place importante, mais n'y est pas seul. Le repère temporo-spatial est la base de l'inscription des perceptions et des vécus émotionnels qui y sont ou non associés.

DELEUZE ne l'imagine pas comme une surface plane, mais pliée et repliée sur elle-même avec des points d'inflexion où apparaît la métaphysique.
Ces plis marquent les changements de niveaux dans cette trame.

Michel SERRES voit dans la position de LEIBNIZ la conception de deux « infra-conscients » . Le premier, le plus profond, correspond à ce que LEIBNIZ appelle le « chaos » où est réuni un mélange aléatoire de signes. C'est le plus grand des tiers-contenants possibles sur le plan psychique. Le second est issu du premier et est passé par ce que LEIBNIZ appelle le « crible », qui fait un tri dans les éléments du chaos, en créant des schémas combinatoires qui structurent le chaos « comme une mathématique complète ».

... et des interactions de contenances

La « combinatoire » renvoie de fait à des interactions, des forces en interaction, des forces de contenance dirions-nous ici.

En physique, on décrit 4 types d'interaction, attractives, répulsives ou de cohésion : la gravitation est une force attractive, l'électromagnétisme est soit attractive soit répulsive suivant le signe de la charge, les interactions nucléaires sont celles de la cohésion. Parmi ces dernières, on distingue les interactions « faibles », pour les particules nucléaires de faible masse, et les interactions « fortes » pour les particules de masse élevée et très proches les unes des autres (cf. le dictionnaire des sciences).

Sur le plan psychique, ces valeurs de force renvoient d'une part à ce qui est imposé au contenu par le contenant, d'autre part à la confrontation de ces forces entre les contenants distincts, ce que met en exergue l'approche de leurs articulations dans la contenance tierce.

Cette conception de la confrontation, du tri, du crible, a amené LEIBNIZ à penser le « meilleur des mondes possible » non pas comme celui de l'éternité mais comme celui de la nouveauté. C'est précisément ce que souligne le modèle de la contenance tierce, puisque l'émergence de nouveauté apparaît à partir de l'articulation des contenances. C'est dire que la nouveauté est issue de l'interaction.

La richesse d'un modèle tient à ses possibilités d'application. Si en effet du chaos, le crible peut faire apparaître des « différentielles », de la superposition de contenances apparaissent de nouveaux contenants : l'intersection et la réunion.
Si l'on peut penser l'émergence de la pensée à partir du chaos des perceptions et des émotions, on peut également penser l'émergence du sujet à partir de la personne et du groupe. L'identification s'élaborera à partir des croisements de différences, sexuelle et générationnelle, le positionnement culturel d'un individu à partir d'une union interculturelle. De même, le repérage technique d'une intervention relationnelle, humaine et psychique, le sera dans un cadre déterminé, en particulier thérapeutique, avec un tiers-élément clairement établi.

Cette interaction humaine marque, on l'a vu, son développement lui-même. C'est ce que soutient la notion d'*épigenèse interactionnelle*, décrite notamment par Jacques COSNIER, qui souligne que le développement d'un individu se met en place progressivement, comme auto-organisation qui s'appuie sur une interaction précoce essentielle parce qu'elle fournit les outils de cette construction. On retrouve cette interaction dans toutes les situations de communication interindividuelle de face à face, plus particulièrement au travers de deux phénomènes qui sont « l'échoïsation » et la « synchronie interactionnelle ».

L'échoïsation corporelle met en place des analogies posturales, mimiques, intonatives ... visibles ou subliminaires. Elles expliquent, selon J. COSNIER, l'empathie ou l'identification projective. Il y distingue trois niveaux d'échoïsation : archaïque, avec le niveau primaire qu'est l'empathie d'affect, le second niveau avec l'empathie d'action en plus, et le troisième quand s'ajoute l'empathie de pensée (92, p.88).

La synchronie interactionnelle permet de coordonner les interactions et de « co-construire » les entretiens et les échanges, notamment verbaux mais aussi non verbaux. Elle s'organise sur un système de signaux qui règlent les tours d'intervention parolière et maintient l'interaction.

Ce sont là des interactions en succession et en simultanéité d'actions, intégrées pour l'adulte et à intégrer pour l'enfant pour qui se mettent en place les « nouveautés » de l'interaction dans la communication. Ces aspects, multicanaux et plurifonctionnels, se construisent dans un « contexte » qui leur sert de support. Il y distingue 4 éléments : le cadre, les partenaires, la relation, et la « plate-forme communicative commune ».

Le cadre correspond au tiers-contenant, avec un support spatio-temporel, des rôles sociaux, une finalité et des codes et signaux.

Les partenaires sont les contenants superposés, en interaction, avec leurs caractéristiques personnelles.

Les relations renvoient à la finalité. Elle peut être structurelle ou catégorielle et met en jeu les deux protagonistes qu'elle intègre. C'est la réunion des contenances qui s'effectue dans la relation elle-même.

La plate-forme commune est constituée de « savoirs partagés ». Cette communauté de savoirs représente l'intersection des contenances, en tant que les éléments qui y sont présents appartiennent aux deux partenaires en même temps.

La contenance et l'interaction sociale

La communication, l'interaction, le soin, le lien, etc... renvoient tous à une dimension d'échange et donc à une question de société et de relations entre ses membres. Pour revenir à cette dimension de la contenance dans la société, nous allons souligner trois modes d'articulation de contenances sociales.

Le <u>métissage</u> est décrit comme la richesse d'évolution d'une civilisation. Sur un plan culturel, c'est une production artistique qui résulte de l'influence mutuelle de deux civilisations. C'est alors le résultat qui est un « métissage », une création, une nouveauté. La dimension de création symbolique y est évidente, montrant bien l'articulation que met en exergue la contenance tierce.

C'est dans le domaine du règne végétal ou animal que le modèle peut être mieux perçu encore, où la définition du métissage est très proche de l'expression la plus simple du modèle. C'est en effet « un croisement de deux races différentes », qui composent les contenances superposées, mais « dans la même espèce », ce qui soutient la place du tiers-contenant. La réunion est alors le couple formé par les deux individus de races différentes, tandis que l'intersection est le coït, l'accouplement qui crée un produit : l'individu métis.

L'évolution sociale, celle du melting pot ou du métissage, amène de nouveaux contenants, des créations de contenances nouvelles et une ouverture qui permet à cette société de vivre une dynamique de variation, avec l'enrichissement qui lui est associé.

La <u>souffrance psychique d'origine sociale</u> est ce concept, imaginé par Victor GIRARD, qui rend compte de l'influence groupale sur l'individu. Il signifie la place de ce qu'il appelle « l'être humain – personne – sujet », place qui s'origine dans deux lieux distincts : le corps et les institutions sociales. C'est la rencontre des deux qui structure le « moi – sujet – personne ». C'est pour nous la rencontre des deux contenants qui en permet l'émergence mais aussi le soutien dans le cadre de la contenance tierce.

La souffrance est issue du manque ou de l'excès, tous les deux ayant une valeur traumatique, dans une situation, une relation, une crainte. On pourrait dire que c'est l'absence d'intersection entre les contenants qui la provoque parce qu'elle induit une absence du corps dans l'inscription sociale, ou au contraire l'effraction du corps social dans celui du sujet.

La <u>citoyenneté</u> enfin est une de ces valeurs dialectiques qui permet un repérage de l'inclusion dans l'interaction permanente.

Quelle contenance ? posions-nous en introduction pour ceux qui ne sont pas inclus. Quelle contenance en effet peut-on instaurer pour permettre une restauration sociale des identités, des appartenances, des reconnaissances, dans le respect des droits et des devoirs qui s'articulent entre un individu et une collectivité ? La contenance tierce amène plusieurs formulations.

Un rôle de sujet va se construire dans l'intersection entre la personne individuelle et son groupe familial primaire.

Une fonction sociale pour soi (celui de la sociologie) sera issue de l'intersection entre la personne sociale et son groupe d'appartenance organisé.

Un statut de citoyen est à l'intersection d'une personne humaine et de son groupe sociétal, la société.

Dans les trois cas, cette intersection doit être pensée en référence à la réunion des contenants, qui n'est jamais seulement le groupe.

L'Ethique et la Morale ont alors à ne pas perdre de vue la personne quand il s'agit du groupe et de son fonctionnement, et ne pas oublier le groupe quand elles s'inquiètent de la personne.

D. PERROUAULT

Bibliographie

AJURRIAGUERRA J. (de).
1980, « De la fusion à l'individuation ; modes de relation et de dépendance de l'enfant à son environnement biologique », *bulletin de psychologie,*1989, XLIII, n°391, p.629-644.

ANZIEU D.
1985, *Le moi-peau,* Paris, Dunod.
1987, « Les signifiants formels et le moi-peau », *in Les enveloppes psychiques,*Paris, Dunod.
1993, *Les contenants de la pensée,* Paris, Dunod.
1994, *Le penser. Du moi-peau au moi-pensant,* Paris, Dunod.

ARISTOTE.
Politique, (diverses éditions).

BENSLAMA F.
1997, « L'illusion ethnopsychiatrique », *La lettre de la psychiatrie française,* n°65, p.19.

BERLIOZ G.
2000, « Dans les circuits de l'errance...les jeunes sont de plus en plus nombreux », *Sauvegarde de l'enfance,* 55, n°4, p.153-156.

BICK E.
1975, « L'expérience de la peau dans les relations d'objet précoces », *in Explorations dans le monde de l'autisme*, Paris, Payot.

BION W. R.
1961, *Learning from experience,* Londres, Heinemann.

BLEGER J.
1979, « Psychanalyse du cadre psychanalytique », *in Crise, rupture et dépassement*, Paris, Dunod.

CHOBEAU F.
1999, « L'errance interroge les pratiques », *Vie sociale et traitement,* n°66, p.15-17.

CODOL J. P.
1989, « 20 ans de cognitivisme social », *Bulletin de psychologie,* XLII, n°390, p.472-491.

CORREALE A.
1996, « L'hypertrophie de la mémoire comme forme de pathologie institutionnelle », *in Souffrance et psychopathologie des liens institutionnels,* Paris, Dunod.

COSNIER J.
1992, « Gestion des affects et communication non verbale », *Evolutions psychomotrices,* n°17, p.11-20.

DELEUZE G.
1968, *Différence et répétition,* Paris, PUF, édition 1982.
1988, *Le pli,* Paris, Les éditions de minuit.

DELION P.
2000, « Le packing aujourd'hui », *Vie sociale et traitement,* n°66, p.15-18.

DENOUX P.
1995, « L'identité interculturelle », *Bulletin de psychologie,* XLVIII, n°419, p.264-270.

DOISE W.
1992, « L'ancrage dans les études sur les représentations sociales », *Bulletin de psychologie,* XLV, n°405, p.189-195.

DOUVILLE O.
1994, « Fractures et montages des constructions identitaires », *Bulletin de psychologie,* XLVII, n°416, p.483-495.

DUEZ B.
1996, « Psychopathologie de l'originaire et traitement de la figurabilité », », *in Souffrance et psychopathologie des liens institutionnels,* Paris, Dunod.

GIBELLO B.
1995, *La pensée décontenancée,* Paris, Bayard.

GIRARD V.
2000, « Souffrance psychique d'origine sociale », *Vie sociale et traitement,* n°65, p.15-22.

GREEN A.
1990, « Du tiers », in *Psychanalyse, questions pour demain,* Paris, PUF.

GUERIN C.
1990, « Les enveloppes externes du moi », *in L'épiderme nomade et la peau psychique,* Paris, Apsygée.

HIRT J.-M.
1997, « L'ailleurs et l'ici : pour une clinique de l'exil » » *La lettre de la psychiatrie française,* n°65, p.20-21.
HOUZEL D.
1987, « Le concept d'enveloppe psychique », *in Les enveloppes psychiques,* Paris, Dunod.
JANET P.
1937, « Les troubles de la personnalité sociale », *Bulletin de psychologie,* XLVII, n°414, p.156-183.
KAES R.
1979, « Trois repères théoriques pour le travail psychanalytique groupal : l'étayage multiple, l'appareil psychique groupal, la transitionnalité », *Perspectives psychiatriques,* 11, n°71, p.145-158.
1993, *Le groupe et le sujet du groupe. Eléments pour une théorie psychanalytique des groupes,* Paris, Dunod.
1996, « Souffrance et psychopathologie des liens institués », *in Souffrance et psychopathologie des liens institutionnels,* Paris, Dunod.
2007, *Un singulier pluriel,* Paris, Dunod
LAING R.
1960, *Le moi divisé,* Paris, Stock, 1970.
LE BOUEDEC G.
1984, « Contribution à la méthodologie d'étude des représentations sociales », *Cahiers de psychologie cognitive,* 4, n°3, p.245-272.
LECUYER R.
1989, *Bébés astronomes, bébés psychologues,* Mardaga.
LEVI-STRAUSS C.
1958, *Anthropologie structurale,* Paris, Plon.
1982, *La pensée sauvage,* Paris, Plon.
MAISONNEUVE J.
1950, *La psychologie sociale,* Que sais-je, Paris, PUF.
MOSCOVICI S.
1992, « La nouvelle pensée magique », *Bulletin de psychologie,* XLV, n°405, p.301-324.

MOUNOUD P.
1979, « Développement cognitif : construction de structures nouvelles ou construction d'organisation interne », *Bulletin de psychologie,* XXXII, n°343, p.107-117.

M'UZAN M (de).
1970, « Le même et l'identique », *Revue française de psychanalyse,* 3, p.441-451.

PELSSER R.
1989, « Q'appelle-t-on symboliser ? », *Bulletin de psychologie,* XLII, n°392, p.714-726.

PERROUAULT D.
1992, *L'écho-étrange,* thèse pour le doctorat nouveau régime, université Pais X Nanterre.
1995, « L'éphémère du social », *Vie sociale et traitement, revue des CEMEA,* n°61, p.25-30.
2002, *Le tri angle, essai sur la triangulation,* Limoges, PULIM.

PIAGET J., INHELDER B.
1968, *Mémoire et intelligence,* Paris, PUF.

RAMOS J. M.
1992, « De la gestion du temps et de sa représentation sociale », *Bulletin de psychologie,* XLV, n°405, p.289-300.

RAVAUD J. F., STIKER H. J.
2000, « Les modèles de l'inclusion et de l'exclusion à l'épreuve du handicap », *Handicap, revue de sciences humaines et sociales,* n°86, p.1-18 ; n°87, p.1-18.

ROSOLATO G.
1978, *La relation d'inconnu,* Paris, Gallimard.

SCHURMANS M. N.
1995, « Acculturation et transaction sociale », *Bulletin de psychologie,* XLVIII, n°419, p.250-259.

SPITZ R.
1968, *De la naissance à la parole, la première année de la vie l'enfant,* Paris, PUF.

STERN D.
1989, *Le monde interpersonnel du nourrisson,* Paris, PUF.

VINSONNEAU G.
1995, « Appartenances culturelles », *Bulletin de psychologie,* XLVIII, n°419, p.421-430.

WALLON H.
1942, *De l'acte à la pensée*, ed. 1970, Paris, Flammarion.

WATZLAWICK P.
1973, *L'art de trouver un nouveau cadre,* Paris, Seuil, éd. 1975.

ZAZZO R. Et coll.
1979, *L'attachement, deuxième édition,* Delachaux et Niestlé.

Table des matières

Préface d'introduction, Professeur Edith LECOURT	7
Introduction	13
I La contenance Définition	29
II La contenance psychique	33
1) Les conceptions psychanalytiques	34
1.1 Approche de W. R. BION	
1.2 Approche de R. KAES	
1.3 Approche de D. ANZIEU	
1.4 Approche de B. GIBELLO	
1.5 Les aspects institutionnels	
2) Les conceptions socialisées	40
2.1 Approche psychosociologique	
2.2 Une application pratique : les enveloppements humides	
III La contenance sociétale	45
1) L'inclusion sociale	45
2) L'errance dans la société	48
3) La contenance sociale	49
IV La notion de contenance	53
1) La contenance	53
1.1 La nature de la contenance	
1.2 La fonction de la contenance	
1.3 Les caractéristiques de la contenance	
1.4 Les qualités de la contenance	
2) Des niveaux de contenance	56
3) La composition de contenance et le modèle de CANTOR	57
3.1 La composition des appartenances	
a) Appartenances simultanées	
b) Appartenances successives d'un élément	

        c) Appartenances successives articulées
    3.2 La composition des inclusions

V L'articulation des contenances   67
    1) La contenance simple   67
    2) La contenance plurielle   69
    3) La contenance tierce   72
        3.1 L'intersection
        3.2 La réunion
        3.3 Le tiers-contenant
    4) La désarticulation des contenances   76
        4.1 La décontenance
        4.2 La décomposition des contenances
        4.3 Le retournement de contenance
        4.3.1 Répétition et contenance simple
        4.3.2 L'écho et le double : contenance double et contenance simultanée
            a) L'écho et la contenance double : la reprise
            b) Le double et la contenance simultanée : le duplex
        4.3.3) Reproduction et contenance tierce

VI La contenance tierce psychique   93
    1) Contenance tierce et contenance partielle   94
    2) Contenance tierce et conflit d'appartenance   96
    3) Contenance tierce et symbolisation   98
        3.1 Conflits entre liaison et séparation : intersection et conflit d'appartenance
        3.2 Réunion et conflit de contenance
        3.3 Les niveaux de symbolisation
    4) Contenance tierce et émergence de nouveaux
        contenants   101
        4.1 PIAGET et les instruments cognitifs
        4.2 KAES et l'appareil psychique groupal
        4.3 Palo Alto et le changement
    5) Contenance tierce et transfert de contenance   110
    6) Le tiers-contenant comme toile   112
        6.1 La trame primitive socio-cognitive
        6.2 WALLON et la conscience subjective

    6.3 Le « déjà dit » affectif et social
  7) Contenance tierce simultanée   117
  8) Contenance tierce partagée   118
  9) La contenance tierce et le conflit oedipien   120
    9.1 La contenance tierce et la petite fille
        9.2 La contenance tierce et le petit garçon
  10) Le conflit adolescent : problème de contenance   122
  11) La clinique de la contenance tierce   123

VII Aspects cliniques   125
  1) La contenance simple   125
    1.1 niveau individuel
    1.2 niveau collectif
  2) La contenance double   126
    2.1 niveau individuel
    2.2 niveau collectif
  3) La contenance simultanée   129
    3.1 niveau individuel
    3.2 niveau collectif
  4) La contenance triple   132
    4.1 niveau individuel
    4.2 niveau collectif
  5) La contenance tierce   134
    5.1 Sur le plan individuel
        a) L'exemple humain physique
        b) Sur le plan psychique
        c) Au niveau des personnes morales
    5.2 Sur le plan collectif
        a) La cellule familiale
        b) Les associations
        c) Les institutions

VIII Perspectives et propositions   145
  1) La contenance tierce dans l'interculturel
    et l'intergénérationnel   145
  2) La contenance tierce et le générationnel   145
  3) La question de l'interculturalité   147
  4) Culture, civilisation et société   148
  5) Les problématiques psychiques de l'interculturalité   152

      5.1 La dimension individuelle
         a) Jean BEN et l'identité
         b) Pour une possible contenance tierce
         c) L'identité
      5.2 La dimension familiale
         a) Sandy et l'exode
         b) Intrication du générationnel et du culturel
         c) La proposition de contenance tierce
6) La contenance non tiercée   169
      6.1 Les ruptures de contenance
      6.2 Succession et retournement de contenance
7) La rencontre (sociale) de l'individuel et du collectif   177

      7.1 Une opposition fausse
      7.2 Le tiers contenu
      7.3 L'intersection individuo-groupale :
      l'autrui deleuzien
      7.4 La réunion de soi et du socius
         a) L'indifférenciation dyadique et les confusions ultérieures
         b) Une réunion d'individuel et de collectif : le nom propre
8) Réseau et partenariat : des contenances à inscrire   195
      8.1 Des ensembles à différencier
      8.2 La partition dans le partenariat
      8.3 Les liaisons dans le réseau
      8.4 L'articulation du partenariat et du réseau

IX Conclusion   205
    Un modèle général
    La force de contenance
    Les contenances articulées
    Les tiers-éléments
    Des plis dans la toile …et des interactions de contenances
    La contenance et l'interaction sociale

Bibliographie   215

L'HARMATTAN, ITALIA
Via Degli Artisti 15 ; 10124 Torino

L'HARMATTAN HONGRIE
Könyvesbolt ; Kossuth L. u. 14-16
1053 Budapest

L'HARMATTAN BURKINA FASO
Rue 15.167 Route du Pô Patte d'oie
12 BP 226 Ouagadougou 12
(00226) 76 59 79 86

ESPACE L'HARMATTAN KINSHASA
Faculté des Sciences Sociales,
Politiques et Administratives
BP243, KIN XI ; Université de Kinshasa

L'HARMATTAN GUINEE
Almamya Rue KA 028 en face du restaurant le cèdre
OKB agency BP 3470 Conakry
(00224) 60 20 85 08
harmattanguinee@yahoo.fr

L'HARMATTAN COTE D'IVOIRE
M. Etien N'dah Ahmon
Résidence Karl / cité des arts
Abidjan-Cocody 03 BP 1588 Abidjan 03
(00225) 05 77 87 31

L'HARMATTAN MAURITANIE
Espace El Kettab du livre francophone
N° 472 avenue Palais des Congrès
BP 316 Nouakchott
(00222) 63 25 980

L'HARMATTAN CAMEROUN
Immeuble Olympia face à la Camair
BP 11486 Yaoundé
(00237) 99 76 61 66
harmattancam@yahoo.fr

L'HARMATTAN SENEGAL
« Villa Rose », rue de Diourbel X G, Point E
BP 45034 Dakar FANN
(00221) 33 825 98 58 / 77 242 25 08
senharmattan@gmail.com

544648 - Octobre 2013
Achevé d'imprimer par

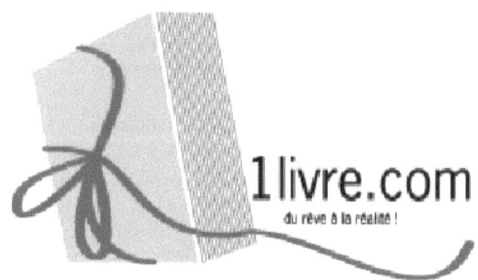